SV

In ihr rechtes Ohr dringen noch ein paar Töne, links herrscht Stille. Seit ihrer Kindheit befindet Louise sich zwischen zwei Welten. Im Hellen kann sie die Lippen der Menschen lesen. Wird es dunkler oder sind die Gesichter abgewandt, driftet sie ab in einen Zustand zwischen Imagination und Realität. Dann beginnt sie, die Hörlücken mit ihrer Fantasie zu füllen, die bevölkert ist von drei fiktiven Figuren: einem Soldaten aus dem Ersten Weltkrieg, einem Hund namens Zirrus sowie einer launischen Botanikerin, die Louise während der langen Monate des Zweifelns begleiten. Denn Louise steht vor einem radikalen Schritt: Ihr Gehör schwindet, und die Ärzte raten ihr, ihr verbleibendes natürliches Gehör durch ein Cochlea-Implantat zu ersetzen. Um sich der Entscheidung zu entziehen, flüchtet sich Louise in ihre Traumwelt, die ständig mit den großen Veränderungen in ihrem Leben kollidiert – einer beginnenden Liebesbeziehung, dem ersten Job bei der Stadtverwaltung, einer zerbrechenden Freundschaft. Doch die Zeit drängt, und Louise muss ihre Entscheidung treffen.

»In ihrem Debütroman, der von großer Zärtlichkeit zeugt, erschafft Adèle Rosenfeld ein Universum aus Träumen und Fantasie. Ein bewundernswerter literarischer Auftakt.« *Page*

Adèle Rosenfeld ist 1986 geboren und lebt in Paris. *Quallen haben keine Ohren* ist ihr erster Roman, stand auf der Shortlist des Prix Goncourt du Premier Roman und wurde ausgezeichnet mit dem Prix Fénéon 2022.

Nicola Denis, 1972 geboren in Celle, übersetzt u. a. Honoré Balzac, Éric Vuillard und Marie-Claire Blais. Sie erhielt 2021 den Prix lémanique de la traduction und 2023 den Eugen-Helmlé-Übersetzerpreis.

# Adèle Rosenfeld
# Quallen haben keine Ohren

Roman

Aus dem Französischen von Nicola Denis

Suhrkamp

Die Originalausgabe erschien 2022 unter dem Titel
*Les méduses n'ont pas d'oreilles* bei Éditions Grasset & Fasquelle, Paris.

Dieses Buch erscheint im Rahmen des Förderprogramms des französischen Außenministeriums, vertreten durch die Kulturabteilung der französischen Botschaft in Berlin.

INSTITUT FRANÇAIS
Deutschland

Klimaneutral
Druckprodukt
ClimatePartner.com/14438-2110-1001

Erste Auflage 2023
Deutsche Erstausgabe

Umschlaggestaltung: Anzinger und Rasp, München
Umschlagabbildung: Katharina Schilling, *Peachy*,
Pigment und Öl auf Leinwand,
110 × 85 cm, 2016, © VG Bild-Kunst, Bonn, 2023
Satz: Greiner & Reichel, Köln
Druck: CPI books GmbH, Leck
Printed in Germany
ISBN 978-3-518-43135-1

www.suhrkamp.de

# Quallen haben keine Ohren

Die Sprache ist vermutlich nur über das Unsagbare zugänglich. Und das Unentzifferbare. Der Zugang ist weder innen noch außen. Unauffindbar und doch da. Das Unfassliche ist unsere einzige, lächelnde Gemeinsamkeit.

Thierry Metz, *L'Homme qui penche*

Jedes Wort ist ein Loch, ein Abgrund, eine Falle.

Gherasim Luca

# 1.

Es war das Gebäude Castaigne, ich hatte Castagne verstanden. Bevor man wie in einem alten Western durch die doppelflüglige Tür schritt, war auf einem kleinen Schild zu lesen »Oto-Rhino-Laryngologie (HNO) und Hals- und Gesichtschirurgie, Abteilung für Implantologie«. Nur die Oto-Rhino-Laryngologie war mir vertraut. Als Kind hatte ich sie für ein Teilgebiet der Rhinozerosforschung gehalten.

In meinen Ohren pochten dumpf die Schläge meines Pulses. Ich setzte mich ganz hinten in den Gang neben einen Tisch voller Fachzeitschriften zum Thema Gehörlosigkeit, davon eine mit Erfahrungsberichten über Einsamkeit am Arbeitsplatz. Bei jeder neuen Zeile hob ich die Augen, um meinen Aufruf nicht zu verpassen, und sah auf einmal, dass sich eine Alte im Rollstuhl gegenüber von mir niedergelassen hatte, direkt vor der Zeitschrift *Dreißig Millionen Gehörlose*. Ich las ein paar Sätze, die in einem Kasten auf der Titelseite prangten: »Auch Sprache kann Sicherheit vermitteln oder sich zumindest absichern wollen: Manche Wörter wirken vermeintlich weniger hart, wenn man sie komplizierter macht. Taube, Blinde, Greise, Geisteskranke – man schämt sich, von Ihnen zu sprechen: ob Gehörlose, Sehbehinderte, Senioren oder Menschen mit psychischer Erkrankung, irgendwann reden wir noch von Toten als Nicht-Lebendigen.« Als ich merkte, dass die Alte oder die Seniorin oder die ältere Frau, ich wusste schon gar nicht mehr, wie ich sie nennen sollte, auf mich einschrie, unterbrach ich sie: »Wissen Sie, ich höre bestimmt auch nicht besser als Sie«, aber sie verstand mich nicht und fuhr mit ihrem krächzenden Monolog fort.

Ein Mann machte diesem Pseudodialog ein Ende: »Sie sind dran.« Ich folgte ihm in die gepolsterte Kabine, er schloss die Tür hinter mir. Ich musterte die riesige verchromte Klinke und musste unwillkürlich an die Kühlräume von Metzgern denken. Hier wurde der Klang geschlachtet, scheibchenweise, mit größter Sorgfalt. Er setzte mir vorsichtig die Kopfhörer auf, als würde er Elektroden auf einem Hühnerkopf befestigen, und gab mir einen Joystick. Die ersten Laute drangen zu mir vor, nicht alle, manche pulsierten an mein Trommelfell.

Dann waren die Wörter an der Reihe, ich sollte wie ein verletzter Papagei die Liste nachsprechen. Dabei kam oft etwas Absurdes heraus, und ich musste gegen meine Fantasie ankämpfen, die sofort in die Zwischenräume drängte.

Haar,
Zitrone,
Felsen,
Soldat,
Maiglöckchen,
Knopf,
Glaser,
Etuikleid,
Becken.

Die tiefe Stimme spulte die Wörter herunter, die allmählich leiser wurden und im Nebel verschwanden. Ich musste ihnen in der Abenddämmerung im Geiste hinterherrennen und gegen die sich abzeichnenden Landschaften ankämpfen; ein Refugium gegen die Granattrichter der Sprache. Ich war es gewohnt, in die Stille und die verlorenen Wörter abzudriften, mich von der Macht der Fantasie aufsaugen zu lassen, doch diesmal bröckelte die Wirklichkeit durch die schwindenden Klänge so stark, dass die Bilder mit neuer Kraft in mir Gestalt annahmen: in der veralteten Welt der Nachkriegszeit, in der Geschichte eines Ehemanns, der, von den Toten erstanden, in seine ländliche Gegend zurückkehrt und ein vergessenes Leben wiederentdeckt. Ich sah sein Gesicht, vom Licht zerteilt, tonlos benannte er die Dinge, um sich seiner eigenen Existenz neu zu versichern. Er sagte »Haar«, und sein Blick versank in den Locken seiner stumm schluchzenden Frau, dann schwenkten seine Augen zum Obstkorb, er sagte »Zitrone« und hob anschließend den Blick zum Fenster, durch das die zerklüftete Küste der Bretagne zu sehen war, die er mit seinem Mund als »Felsen« bezeichnete. Und er erinnerte sich, woher er kam: »Soldat«, und an all die Jahreszeiten, in denen er Soldat gewesen war. Er sagte »Maiglöckchen« und betrachtete dabei das Stückchen Frühling, das zwischen den beiden hin- und herpendelte und ihm endgültig die Brust zerriss. Er senkte den Blick, um seine tränenfeuchten Augen zu verbergen, und sagte »Knopf«, seine Uniform rief ihm all die anderen Soldaten in Erinnerung. Seine Lippen bewegten sich zu einem »Glaser«, direkt vor seinen Augen war er gestorben, doch seine Lippen murmelten weiter, was seine Frau nicht hörte, »Etuikleid« – der Glaser trug immer ein Stück vom Kleid einer geliebten Frau bei sich. Der Soldat konnte das Lächeln, das in ihm aufstieg, nicht unterdrücken, bis er »Becken« sagte, so laut, dass seine Frau zusammenzuckt und ihm erschrocken dabei zusieht, wie er sich an das im Artilleriefeuer zertrümmerte Becken jenes anderen Soldaten erinnert.

»Jetzt nehmen wir die linke Seite«, sagte der Akustiker und wies auf mein anderes Ohr. Die Geschichte des Soldaten hallte in meinem tauben Ohr nach. Die Klänge, die gegen das tote Trommelfell hämmerten, bildeten die Tonspur seiner Erinnerungen. Der Gedächtnisabdruck der Wörter hatte sich in eine Anwesenheit verwandelt.

Ich setzte mich wieder auf die Stühle vor dem Behandlungsraum, um die Schäden auf dem Audiogramm in Augenschein zu nehmen. Aufmerksam studierte ich die geschwungene Kurve auf dem karierten Papier mit den X- und Y-Koordinaten zur Schallmessung. Es sah fast aus wie die Luftaufnahme eines alliierten Landungsstrands: Die Stille hatte mehr als die halbe Seite überflutet.

# 2.

In der Praxis der HNO-Spezialistin schmückten Plakate von Querschnitten des Innenohrs mit ihren Rot- und Blautönen den Raum. Das Außenohr war in einem gewöhnlichen Rosa dargestellt, während das zuerst sandgelbe, karminrote und beige-rosafarbene Innenohr in ein blaues Labyrinth mündete. Das war die Cochlea. Sie ähnelte einer Weinbergschnecke, die zu lange gegart worden war.

Die Ärztin nahm an ihrem Schreibtisch Platz, die Akte mit all meinen Audiogrammen in der Hand, und artikulierte übertrieben. Das war kein gutes Zeichen, eine Implantologin, die angesichts des letzten Audiogramms wie mit einer Idiotin redete. Allmählich fühlte ich mich unbehaglich.

»Sie haben tatsächlich fünfzehn Dezibel eingebüßt, das ist viel.«

Ich erklärte ihr, wie es dazu gekommen war, oder vielmehr, wie es nicht dazu gekommen war.

Keine Vorzeichen – warum sollten die Zeichen auch vorauseilen?

Es war, einfach so, gebröckelt.

Na ja doch, es hatte durchaus zwei Einzelbilder gegeben, bei denen mir bewusst geworden war, dass der Ton abgebrochen war.

Das erste Mal in London, Anfang August, als ich einen Kaffee trank und der Kellner mich ansprach. Er stand vor mir, mit hängenden Lippen, aus seinem Mund kam kein Laut. Ich stammelte in gebrochenem Englisch, mit entgeistertem Gesicht, dass ich nicht, nichts, nicht mehr verstand. Er antwortete mir, oder vielmehr hielt ich zwischen seinen Lippen und den verrutschenden Wörtern für seine Antwort, dass mein Englisch sehr schlecht sei. Dort verlor ich die Tonspur. Mitten in London, an der Ecke Churchway und Stoneway war die Flut der Stille gewichen.

Das zweite Mal, in der Bretagne, in Plougrescant, war ich bei einem Freund zu Besuch, als die Tonspur beim Abendessen erneut einfach abriss. Ich sah sein weißes Haar und seinen Mund, der sich lächelnd in die Breite zog, die Anekdote folgte seinen Mundwinkeln und verflüchtigte sich im Wind, doch die Stille hatte sich schon wie eine bleierne Decke über die Begegnung gebreitet. Immerhin entzifferte ich »Brasilien«, er sprach wohl über seinen Vortrag. Ich lachte, weil ich eine gute Figur machen wollte.

Der Ärztin sagte ich einfach: »Das ist allmählich so gekommen, im August.«

Sie erwiderte, es sei den Versuch wert, sich im Krankenhaus einer Behandlung zu unterziehen, auch wenn das Ergebnis ungewiss sei. Anschließend gebe es noch eine andere *Lösung*: »ein Cochlea-Implantat«. Sie dachte an ein Implantat auf der rechten Seite, in dem noch funktionsfähigen Ohr; im linken Ohr würde sonst nur ein unverständliches Stimmengewirr entstehen. Sie erläuterte mir, dass ich nach einer langen Rehazeit, zwischen sechs und zwölf Monaten, auf allen Frequenzen besser hören würde. Die Operation wäre allerdings nicht mehr rückgängig zu machen, ich würde mein derzeitiges »natürliches« Gehör verlieren.

Die wenigen Flimmerhärchen, die mir im Ohr verblieben, erfassten die hohen sowie ein paar tiefe Töne und halfen mir, gerade noch den Sinn zu rekonstruieren, vor allem aber, die Wärme der Töne wahrzunehmen, ihre Patina aus Wind, Farbe und allem, was der Klang an Unebenheiten enthielt.

Ich betrachtete die grauen und blauen Plastikscheiben, all die verkleinerten Implantat-Modelle, die auf ihrem Schreibtisch lagen. Sie sahen aus wie Kühlschrankmagneten.

Ich hatte nichts mehr hinzuzufügen, sie gab mir die Hand, und ich griff nach ihr, so wie man sich an einen Ast klammert.

# 3.

Ich zog weiter zu Büro 237, damit die Sekretärin mir die Unterlagen geben konnte, und ging in das Gebäude Babinski, das nach einem Neurologen des frühen 20. Jahrhunderts benannt war. Man sah sein Porträt am Eingang auf dem kleinen touristischen Hinweisschild aus Emaille: Joseph Babinski (1857-1932).

Ich hatte erfahren, dass er vor allem für eine neurologische Untersuchung bekannt war, die darin bestand, die Fußsohlen von Erwachsenen und Säuglingen zu streicheln, um Demenzerkrankungen zu erkennen. Weniger berühmt war sein Konzept der Pithiatismus-Störung (vom griechischen Wort für »überzeugen«), das gleichwohl schwerwiegende Folgen für zahlreiche Soldaten im Ersten Weltkrieg gehabt hatte. Damals waren Kriegstraumata noch nicht offiziell anerkannt. In der Tradition von Professor Jean-Martin Charcot, dem führenden Kopf der Neurologie, hatte Babinski eine neue Form der Hysterie definiert: In Ermangelung eines offenkundigen Zusammenhangs zwischen Ursache und Wirkung litten viele Soldaten an verwaist gebliebenen Störungen.

*Verwaist.*

Ja, das war es bestimmt, was ich immer empfunden hatte, das Gefühl, keiner Welt anzugehören. Nicht taub genug, um der Kultur der Tauben zugeordnet zu werden, nicht hörend genug, um voll und ganz an der Welt der Hörenden teilzunehmen. Es zählte allein, was ich selbst zu sein oder nicht zu sein entschied. Die Kollateralschäden, die mein Ego und mein Selbstvertrauen übel angeknackst hatten, waren für die anderen verwaiste Störungen, die sie nur mit Mühe nachvollziehen konnten. Rührte der Mangel, der mir innewohnt, daher? Von dieser Abwesenheit, die es mit etwas Übermäßigem zu füllen galt?

»Bei dir ist immer alles schwarz-weiß«, bekam ich regelmäßig zu hören; und ich hörte vor allem das Schwarz heraus und dachte an schwarze Löcher.

»Du hörst jedenfalls, was du hören willst.«

Wie hätte ich sie vom Gegenteil überzeugen sollen?

Dabei war all das sehr real, und das Krankenhaus zoomte unbarmherzig auf das Ursprungsloch.

Meine Mutter brach neben mir in Entzücken aus: »Hast du gesehen? Das ist das erste Foto von einem schwarzen Loch«, sagte sie und deutete auf das Zeitschriftencover.

## 4.

Das Zimmer, in dem ich meine Sachen abstellen konnte, lag im zweiten Stock, ich hatte ein dichtes Programm und ein strikt zu befolgendes Protokoll. Eine Krankenschwester kam und stellte mir kuriose Fragen, wie solche nach meinen Waschgewohnheiten: Baden oder Duschen? Whirlpool, ja gerne.

Die Krankenschwester ließ mich niedergeschmettert zurück, dann ging auch meine Mutter. Ich konnte immer noch nicht glauben, dass ich wegen meiner Ohren hier war. Ich hatte alles getan, um sie heimlich mundtot zu machen, aber sie hatten die Macht ergriffen, mich hier zwischen diesen vier weißen Wänden eingeschlossen und gezwungen, meine Geschichte zu überdenken.

Dabei hatte ich versucht, die Frage nach all den Jahren des Leugnens und nach weiteren Jahren des Kampfs gegen das Leugnen zu klären, das Leben erst in der einen Richtung, dann in der anderen zu verbiegen, doch der Verlust hatte alles kaputtgemacht.

Die Tür öffnete sich, und ein Krankenpfleger namens Eddy trat ein, um mir das Trommelfell aufzustechen und direkt in mein Hörorgan diverse Mittel einzuspritzen. Die Betäubung brachte gar nichts, sie war nur ein Protokoll, das den Anschein erwecken sollte, man hätte alles im

Griff. Schon als ich die Nadel sah, glaubte ich nicht mehr daran. Damit wollte er mir einfach ins Ohr stechen? Ich spürte, dass sich mein Trommelfell zusammenzog wie eine mit Zitrone beträufelte Auster.

Das Protokoll sah außerdem den Besuch bei einer Psychologin vor, einer großen, traurig blickenden Frau. Mit einer anmutigen Handbewegung forderte sie mich auf, mich in den Sessel ihr gegenüber zu setzen, und erklärte mir, dass diese Sitzung einen formlosen Austausch zur besseren Einschätzung meines Lebens als Hörbeeinträchtigte darstelle. Ich spulte meinen Lebenslauf herunter, eine fast mustergültige Schulzeit, ein abgeschlossenes Grundstudium – alles ohne Hilfe.

Mit ernster Miene hörte die Psychologin mir zu und zog ein erstes Fazit, wobei sie ihre Worte bereitwillig wiederholte, sobald ich die Augenbrauen hob: Ich hätte so viel Energie aufgewandt, um mich anzupassen, dass ich vermutlich am Ende meiner Kräfte sei, der kürzliche Hörverlust könne traumatische Gespenster aus der Vergangenheit reaktivieren.

Ich sei damit jedoch nicht allein, fügte sie an, alle Hörbeeinträchtigten erlebten depressive Phasen infolge der multiplen Anstrengungen, die von der hörenden Gesellschaft nicht wahrgenommen würden. Diese Energie sei schwer zu messen, und das Umfeld bekomme kaum etwas davon mit, das sei typisch für diese unsichtbare Behinderung. Das hörgeschädigte Subjekt hätte folglich die Tendenz, sich von der Umwelt abzukapseln.

Angesichts meines von Fragen zermarterten Gesichtsausdrucks wollte sie mir Trost zusprechen:

»Es gibt aber Lösungen«, sagte sie, »und dazu gehören auch Implantate.«

»Aber mit einem Implantat kann ich nie mehr so hören wie vorher.«

»Ihr Gehirn wird vergessen, was vorher überhaupt bedeutet.«

Dann setzte sie hinzu: »Es stimmt, auch Trauer spielt eine Rolle, man verliert etwas und weiß nicht, was stattdessen kommen wird.«

## 5.

Dieser Krankenhausaufenthalt hing vom Leben meiner Akte ab. Es wurden Papiere hineingeschoben, doch niemand las sie, es war bloß ein Pass, der meine Anwesenheit rechtfertigte. Meine Tage waren eine Abfolge von Überraschungsuntersuchungen, die im Übrigen alle überraschen sollten. »Weshalb sind Sie hier?«, »Für wie lange sind Sie hier?«, »Welche Therapie?«, eine Reihe von Gesichtern stellte eine Reihe von Fragen, weil sie nicht in die Akte schauten.

Meine Krankenakte war verlegt worden, aber man war sehr hinterher, dass ich keinen Termin verpasste. »Welchen denn?«, fragte ich. »Das sagt Ihnen meine Kollegin.« Nur waren sie alle Kollegen, und keiner schien sich gemeint zu fühlen.

Mein Vertrauen in die Ärzteschaft schwand, und das machte mich ungenießbar. Ich hasste die Visiten der Chefärzte mit ihrer Horde von Assistenzärzten im Gefolge – wie hibbelige Jugendliche, die man an einem regnerischen Tag zu einer Besichtigung von Dieppe genötigt hatte.

Die Welt wirkte beklemmend: Im Umkreis des Zimmers war ich eine Kranke, eine zukünftige Implantatträgerin. Der einzige Ort, der einen vor den Blicken anderer schützte, war die Kapelle, eine auf dem Krankenhausgelände versteckte Kapelle aus dem 17. Jahrhundert mit dem Grundriss eines griechischen Kreuzes. Obwohl ich solche Kultstätten immer gemieden hatte, fand ich jetzt in ihr den einzigen rettenden Raum. Die Kapelle war der Heiligen Rita aus dem Augustinerorden geweiht, Schwester der unmöglichen, verzweifelten Anliegen. Man konnte sich mit seinen Bitten an sie wenden. Ich habe ihr eine Nachricht geschrieben, obwohl ich wusste, dass auch sie keinen Zugriff auf meine Akte hatte.

Jeden Tag schleppte ich mich mit meinem Tropf, der an die Steinplatten stieß, dorthin, bevor ich mit meinem metallischen Hirtenstab in einer stummen Prozession langsam wieder zum Gebäude Babinski ging. Zurück in meinem Zimmer, kaute ich mein salzfreies Essen im Angesicht der erleuchteten Nacht.

Ich träumte, dass mein Soldat mich im Schlaf zudeckte und dabei sein Gesang ohne Konsonanten für mich erklang. Die Heilige Rita ließ die Rüschen ihrer Matroschkakleider flattern, die sie als Schutz vor der Kälte übereinandergezogen hatte. Das Lied ohne Konsonanten verlor sich im Schnee, die Basslinie knisterte, die Vokale erloschen bei der Berührung mit den Flocken.

Morgens hörte ich nie die Tür aufgehen, obwohl die Krankenschwester etwas rief. Die Schwestern wirkten genervt. Sogar in der HNO-Abteilung schien Schwerhörigkeit einen Klassenkampf mit den Hörenden zu bedeuten.

Am letzten Tag hatte ich noch einen Termin mit einer Spezialistin, bevor ich gehen durfte: »Die Behandlung hat bisher nicht angeschlagen«, sagte sie und reichte mir eine Hülle voller Termine.

Während ich auf den Ausgang zuging, versuchte ich, in den Gängen, den Alleen und im Garten über mein Still-Werden nachzudenken.

## 6.

Zurück im zivilen Leben, war die Straße eine Playmobilwelt, so unwirklich mit ihren Häuserblöcken und geraden Bahnen. Die Wurzeln der entlang der Avenuen gepflanzten Bäume wölbten den Asphalt auf. Wir hatten Oktober, und die Kastanienbäume waren nur noch Haut und Knochen. »Lass uns was trinken gehen, um deine Rückkehr zu feiern!«, schlug mein Nachbar-Freund mir vor.

Zuhause schlüpfte ich mit einer unbeschreiblichen Wohligkeit in bequeme Kleidung, um meinen geschundenen Körper einzuhüllen, und drehte mich um die eigene Achse, um mir den Raum wieder anzueignen. Sämtliche Geräusche geronnen und dehnten sich wie in einer Anamorphose, das Martinshorn auf der Straße und die Wasserspülung bildeten zischende Schwaden mit schrillen Ausschlägen.

Der Nachbar-Freund erwartete mich schon im Restaurant, sein Begrüßungskuss und seine sonore Stimme drängten die Geräuschkulisse in den Hintergrund. Ich klammerte mich an seine von hohen Tönen umkränzten Worte. Wenn mein Blick nicht an seinen Lippen hing, wirkte seine Stimme warm auf mich, die Töne waren scharf umrissen wie eine Sonnenfinsternis. Den mittleren Kern hörte ich nicht, aber durch den von den hohen Tönen gebildeten Lichtkreis konnte ich mir den Sinn erschließen. Ich konnte fast allem folgen, was er sagte, und das machte mich glücklich. Wir lachten in dieser Nacht der Rückkehr in die Welt. Dann wurde er plötzlich wieder ernst.

Gerade erzählte er mir von einem Architekten in Japan, von der Betonkirche, die er gebaut hatte und deren riesiges Kreuz als Fenster in die Chorwand eingelassen war; das Außenlicht ließ seine Form erstrahlen. Ich dachte unwillkürlich, dass dieses Bild gut zu meinem Eindruck von seiner Stimme passte: Die hohen Töne bildeten einen Kontrast, meißelten mit dem Licht des Sinns die graue und schwere mittlere Stimmlage heraus.

»Tadao Ando!«, rief er.

Und angesichts meiner ratlosen Miene erläuterte er:

»Tadao Ando, so heißt der Architekt, von dem ich dir erzählt habe.«

Seine großen blauen Augen lachten, und meine lachten ebenfalls. Der Alkohol begann, die von meinen Ohren ohne Flimmerhärchen stark beeinträchtigte Sprache ins Wanken zu bringen. Der alkoholisierte Atem erinnerte mich an den Geruch von Desinfektionsmittel. Vielleicht litt ich an einer Überdosis Artischocken. Er mochte keine und hatte sie mir alle auf den Teller geladen. Auch er war inzwischen leicht angeheitert, er wurde zusehends redseliger, und seine Blicke wurden drängender. Nach acht Tagen im Krankenhaus verstörte mich dieses feuchtfröhliche Essen in der Gesellschaft eines Mannes. Auf einmal wirkte er so traurig auf mich, ich sah den bläulichen Schein seiner Augenringe. Es steckte ein bisschen Turner in seinem Blick, seine segelschiffartigen, blauen Augen drifteten heftig in seine Ängstlichkeit ab. Für einen Augenblick glaubte ich meinen Soldaten zu sehen.

Seine Silhouette erschien hinter dem Nachbar-Freund, ihre Haare überlagerten sich, die schwarzen Locken meines Soldaten bildeten den Schatten der hellen Locken des Nachbar-Freundes.

»Wohin schaust du?«

Meine Augen vertieften sich wieder auf seine Lippen, die einen riesigen Wortstrudel bildeten, und seine Zunge schwang in seinem Mund hin und her wie eine Glocke.

Wovon sprach er? Unsere Unterhaltung bei Tisch war mir entglitten. Die Körperteile erhellen die Thematik kein bisschen – ich konnte allerdings das Begehren aufsteigen fühlen –, die Hände vermitteln die dramatische Intensität der Aussagen, sie betonen, aber offenbaren nicht. Ebenso die Augen, und das verabscheute ich sogar am meisten: Sie überprüften lediglich, ob ich verstand. Zum Glück habe ich keine blauen Augen, das immerhin hatte ich dem Leben abgetrotzt. Mit meinen schwarzen Augen ertränkte ich die phatische Funktion der Sprache, ihr gesellschaftliches Spiel. Im Dunklen lässt sich wenigstens nichts ergründen. Hinter meinen schwarzen Augen fühle ich mich in Sicherheit, mein Gegenüber weiß nie, ob ich verstehe. Hinter meinen schwarzen Augen überbrücke ich die Lücken, führe meine Ermittlung durch. Spiele Galgenraten:

»AU_GE____EN?«, fragte der Kellner.

Im Hinblick auf den Zustand meines Tellers nahm ich an, dass er abräumen wollte. Was mochte der Kellner in einem Wort wohl sagen? Die großen Hände meines Soldaten bildeten ein Kreuz, um mir auf die Sprünge zu helfen: Fertig? Ein Synonym, das länger war? Zu spät, schon hatte der Nachbar-Freund für mich geantwortet und der Teller verschwand. Die braunen Locken verabschiedeten sich, mein Soldat war gegangen. Draußen löste sich meine Verstörtheit in der Stille der winterlichen Straße, die Stimme des Nachbar-Freundes erschien mir wieder schmeichelnd. Unsere Körper marschierten im Gleichschritt, unsere Schritte stimmten sich aufeinander ein in der Nacht und der Trunkenheit.

An seiner Tür, im Innenhof unseres Hauses, verspürte ich eine neue Vertrautheit, und als sein Mund sich auf meinen legte, verwandelte ich mich in eine in seinen Armen ausgepresste erogene Zitrone.

Die hellen oder braunen Locken wellten sich auf den Laken, wickelten sich um meine Finger, um meine Brustwarzen. Doch während wir die schon tausendfach zurückgelegten Wege des Körpers nachzeichneten, spürte ich rasch, dass unser Begehren nicht genügte, um sich Liebe zu nennen. Ich sah ihn mit angezogenen Beinen daliegen und versank schließlich selbst in Schlaf.

## 7.

Am Morgen war das Bett kalt. Ich brauchte eine Weile, um zu verstehen, wo ich war, und als ich es begriffen hatte, suchte ich meine über den Boden verstreuten Sachen zusammen. Nur dass ich, als ich unten an meiner Hose zog, den blauen Uniformmantel des Soldaten fand; mein Pulli lag auf seiner Hose, und die Wickelgamaschen waren bis in den Flur hinein aufgerollt, wo auch das Käppi und die Schnürstiefel herumflogen.

Das Krankenhaus klebte mir an den Fersen, das alles war noch nicht vorbei.

Zuhause klammerte ich mich verzweifelt an die letzten Empfindungen, doch selbst in meinem Inneren war nichts anderes mehr als ein riesiges Mohnblumenfeld.

An den darauffolgenden Tagen begegnete ich weder meinem Soldaten noch meinem Nachbar-Freund. Ich wusste nicht, ob ich ihnen aus dem Weg ging oder ob sie mich mieden.

Deprimiert saß ich zuhause und kartografierte mein Still-Werden in dem beruhigenden Rahmen selbstgewählter Wände, der Mut, mich der Außenwelt und ihrem unkenntlichen Stimmengewirr zu stellen, fehlte mir noch.

Die Straßengeräusche glichen einem Brummen, keine Kontur erhob sich aus der einförmigen Masse. Vorher hatte ich einander überlagernde Schichten unterscheiden können, jetzt war alles flach.

»Seit deiner Kindheit befindest du dich auf einer ständigen Gratwanderung, du bahnst dir einen Weg zwischen zwei Welten, denen du beiden nicht richtig angehörst, und sobald sich das Gleichgewicht ein bisschen verschiebt, so wie jetzt mit deinen fünfzehn Dezibel weniger, verlierst du den Grat aus den Augen und musst neu hören lernen«, erklärte mein Logopäde in mein graues Gesicht hinein. Seine ausnehmend klangvolle Stimme verstand ich immer noch.

Die Außenwelt war zu einer Quelle der Angst geworden, doch irgendwie musste ich die Wohnung, in der ich mich eingemauert hatte, mit Lebensmitteln versorgen. Im Supermarkt verschmolzen die Stimmen zu einem einzigen Echo. Eine Fieberepidemie hatte alle Geräusche befallen: Die Konservendosen, die der Lagerist in die Regale einräumte, klapperten mit den Zähnen; die an der Kasse piepsenden Strichcodes mischten sich wie halluzinierte Splitter unter die Wortakzente der Frauen; das Werkzeug des Metzgers gab ein heiseres Husten von sich. An der Kasse verstand ich »Bulgur« oder »Burur«. »Sie (*Rauschen*), oder?«, 1 × sagte ich »ja«, ohne zu verstehen, 2 × sagte ich »nein«, ohne zu verstehen, 3 × sagte ich »ich weiß nicht«, ohne zu verstehen. Die Stimmung wurde angespannter, ich zahlte und wir gingen verärgert auseinander, der Kassierer und ich.

Später erfuhr ich, dass dieses Rauschen einen Namen hatte: »psychoakustische Verzerrung«. Das Gehirn, das den Verlust in den tiefen und mittleren Frequenzen noch nicht verinnerlicht hatte, funktionierte wie ein Fernseher an einem stürmischen Tag.

Abends wurde mein Schlafzimmer von einem merkwürdigen Klang erfüllt. Trockene, unregelmäßige Stöße vor einer sonor-kehligen Geräuschkulisse verfolgten mich, bis ich in tiefen Schlaf fiel. Der Soldat erschien mir wieder, auf einem meiner schlaflosen Spaziergänge, in einer Ecke des Zimmers spielte er mit einem Kugelfangspiel, jedes zweite Mal gelang es der Kugel, in den Trichter zu fallen, den er fest in der Hand hielt. Aus seiner Kehle drang ein gutturales »mm«. Ich dachte, dass er sich, wie ich, die Sprache mithilfe des Spiels neu aneignete, dass er mit dem Kugelfangspiel das *e* in das *o* zu befördern lernte.

Manchmal weckten mich nachts oder morgens die Erschütterungen der auf den Boden prallenden Kugel, und wenn ich die Augen öffnete, verschmolzen die letzten, von der Zigarette des Soldaten aufsteigenden Rauchkringel mit dem Morgennebel.

»Nachts höre ich sehr merkwürdige Geräusche«, sagte ich zu meinem Logopäden.

»Das ist ein Tinnitus.«

»Aber da ist auch ein Beben, wie Stärke 3 auf der Richterskala, würde ich sagen.«

»Das ist vielleicht die Waschmaschine der Nachbarn im Schleudergang.«

# 8.

Ich ertrug keinen Besuch; außer meiner Mutter, die vorbeikam, um zu schauen, ob ich noch halbwegs am Leben war. Abgesehen von der Tatsache, dass ich mich in dem Flackern zwischen ihren mittleren und hohen Frequenzen verlor, verwischten meine Augen vor Müdigkeit alles, und auf ihren Lippen verformten sich die Wörter.

»(*unterbrochene Lippenbewegungen, erstaunter Blick*) Bär (*genießerischer Mund, lustvoll verdrehte Augen*), Wald, das war wirklich köstlich.«

Ich nickte, ohne zu verstehen, und ließ mich von den Bildern meiner im Wald spazierengehenden Mutter treiben, sicher in den Pyrenäen, bei einer ihrer Freundinnen. Ich stellte mir vor, wie sie sich trotz der in dieser Gegend wieder angesiedelten Bären schlicht ihres Lebens freute.

Meine Augen fanden die Erklärung auf ihren Lippen:

»Hast du das schon mal probiert?«

»Was denn, Mama, Waldspaziergänge?«

Ich betete, dass das Licht sich nicht verändern möge, dass die Wolken an Ort und Stelle blieben, um die perfekte Form der Lippen meiner Mutter auf dem Sofa nicht zu zerstören.

»Nein, Bärlauch, das hast du auch schon mal probiert, ich habe es gekauft beim (*eine Wolke zog auf, ich rutschte an den Vokalen ab, es gab nur noch eine Folge aus ps, ds und ts, vielleicht sogar ein paar bs, dann kam die Sonne wieder durch*). Übrigens, weißu Valei finsi immeinfa soauf Wien untergeht.«

Wien untergeht? Puh, das Thema war nicht interessant genug, um meine Aufmerksamkeit zu halten.

»Warum hörst du mir eigentlich nicht zu?«, fragte sie verärgert.

»Der Untergang von Wien deprimiert mich eben.«

Jetzt schaute sie mich ihrerseits verständnislos an.

Demnach bestimmte weder sie noch ich das Thema. Es war ein Zufallsspiel. Wer aber mischte dann die Karten der Unterhaltung?

## 9.

In den darauffolgenden Tagen wandte ich meinen Körper immer wieder der Stille zu. Straffte ihn wie einen Stoff Richtung Licht, um mir alle Stimmlagen der Klänge anzueignen. Nachts kehrte ich zu meinem Kindheitsritual zurück und rieb mein Ohr am Kopfkissen. Das war mein persönliches Audiogramm, ein Messwert für meine Angst, vollkommen taub zu werden. Taub und blind in der Dunkelheit. Das Kopfkissen-Eichmaß verursachte immer das gleiche, tröstliche Geräusch von Krepppapier. Doch heute knitterte das Kopfkissen nicht so wie früher. Der Klang hatte sich entfernt, war tiefer geworden, wo er doch einmal so hoch und präsent gewesen war; er war ergraut.

Es machten sich erste Anzeichen von Nervosität bemerkbar: Ich wickelte mir meine Haare um die Finger, und während meine Geste immer zwanghafter wurde, entspann sich eines Tages ein Dialog mit ihnen:

»Hast du wirklich geglaubt, dass sich die Dinge mit meiner Beseitigung einfach wieder einrenken würden?«

Meine Haare hatten es mir immer verübelt, dass ich sie vor zehn Jahren geschoren hatte.

»Darüber haben wir doch schon gesprochen. Ja, ich habe geglaubt, dass die Dinge sich einrenken würden, dass ich mit dem Abrasieren meine Behinderung sichtbar machen würde.«

»Du hast uns so gepflegt und dann von einem Tag auf den nächsten einfach kurz und klein geschnitten.«

»Ich wollte, dass sie mein Hörgerät sehen, dass sie sehen, welche Schwierigkeiten ich habe.«

Die Haare lamentierten weiter, als wäre ihnen eine Laus über die Kopfhaut gelaufen: »Du wirst schon sehen, wenn du mal Krebs bekommst, wie leid dir die Aktion dann tun wird.«

Ich hörte auf, sie liebevoll zu kämmen.

Selbst mit kahl geschorenem Kopf hatte sich nichts geändert. Das Verständnis für meine Behinderung verhielt sich leider nicht proportional zum Anblick meines Hörapparats.

Ich hatte das Gefühl, einfach dort deponiert worden zu sein, ohne Bedienungsanleitung, in einer Gesellschaft, die von mir wie von allen Bürgern verlangte, dass ich meinen Platz fand und ihn mir verdiente.

Manchmal erheischte ich einen Blick auf den sorgenvollen Soldaten, der schattenhaft an mir vorbeihinkte. Manchmal spürte ich sogar seinen entsetzten Blick auf mir. Zweimal täglich brachte er mir eine Schüssel mit Bouillon, immer die gleichen Brühwürfel, die er in Wasser auflöste. An seinen flackernden Augen sah ich, dass er nicht ganz richtig im Kopf war. Er streckte seine zitternde Hand nach der Schachtel mit den Maggiwürfeln aus, und mit einem irren Blick verdünnte er zornig die Mischung im Wasser.

Ich igelte mich weiter ein in der Stille, aber der Soldat tobte sich an den Maggi-Schachteln aus und quirlte mit starren, weit aufgerissenen Augen unaufhörlich in dem bräunlichen Wasser. Das Geräusch des Schneebesens im Topf zerschellte an den Wänden, ein bisschen wie der Lärm einer geschlagenen Armee, der meinen stillen Rückzugsort störte.

Ich legte ihm die Hand auf die Schulter, um ihn in die Wirklichkeit zurückzuholen, da sich aber keiner von uns beiden in dieser befand, kläpperte er weiter im Topf.

Vor einer Weile hatte ich gelesen, dass die Angst vor einer feindlichen Invasion eine Welle an psychischen Erkrankungen ausgelöst und die Soldaten vor dem Aufbruch an die Front zur Fahnenflucht bewogen hatte. Ein Bataillonschef hatte sogar eine paranoide Zwangsvorstellung wegen eines Gerüchts um Maggiwürfel entwickelt. 1914 waren die aus Deutschland importierten Reklametafeln der Marke an Häuserecken und Kreuzungen angebracht worden, und angeblich sollen sie den Deutschen als Wegweiser nach Paris gedient haben.

Ich versuchte, den Soldaten zu beruhigen, und blies ihm sachte in den Nacken, wollte ihn mit Stille streicheln, die Niederlage, die Geräusche der Uniformmäntel und Patronentaschen, den Wahnsinn des Feindes von ihm fernhalten. Er verlangsamte seine Handbewegung, bevor er schließlich ganz aufhörte, seine Wut zu schlagen.

Ich dachte mit geschlossenen Augen nach. Das erinnerte mich an den Krieg, der zwischen meinen beiden Parteien, der tauben und der hörenden, wieder aufgeflammt war. Ich hatte mich an die Finsternis der Stille gewöhnt, doch ich durfte die Hörende nicht vergessen.

Es war Zeit, hinauszugehen.

## 10.

Ich nahm mein Leben wieder in die Hand, entsorgte die Brühwürfel und machte mich auf die Suche nach einem Job. Während ich den Arbeitsmarkt mit Lebensläufen überschwemmte, die das Label »Anerkennung als behinderte Arbeitnehmerin« trugen, rauchte der Soldat in der Sonne.

Die erste positive Antwort, die mich erreichte, betraf die befristete Anstellung in einem Rathaus. Die Arbeitsplatzbeschreibung war nicht deutlich umrissen, was meinem Profil und meiner Motivation vollauf entsprach.

Per E-Mail bekam ich einen Termin mit der Person, die die Abteilungsleiterin zu sein schien. Am Tag selbst übte ich vor lauter Angst, nichts zu verstehen, noch einmal, wie ich mich vorstellen wollte. Wie sollte ich Fragen zu Besprechungen oder Telefonaten beantworten? Ich wusste nicht mehr, wozu ich in der Lage war und wozu nicht.

Das Rathaus war eine halbe Stunde mit dem Bus entfernt. Es war ein Neubau, zwischen zwei Haussmann'schen Gebäuden, der mit seiner verglasten Eingangstür und seiner zwischen Gipskarton und Spiegelglas changierenden Fassade nicht zum Rest passte. Als ich durch die Sicherheitskontrolle gegangen war, landete ich in einem kleinen Raum, der mit den aneinandergeschraubten blauen Plastiksitzen und seiner Zierbanane an den Wartesaal eines Provinzbahnhofs erinnerte. Eine große, blasse und gebeugte Frau begrüßte mich mit einem schlaffen Händedruck und forderte mich auf, ihr zu folgen.

Während ich hinter ihr herging, erriet ich, dass sie mit mir sprach, ihre näselnde Stimme verlor sich im Echo der Wände. Ich war außerstande, ihr die Situation zu erklären, und setzte stattdessen ein dümmliches Lächeln auf, das sie sah, als sie den Kopf wandte, um sich zu vergewissern, dass ich immer noch da war. Ich wusste nicht, ob das, was sie mir gesagt hatte, eine Antwort verlangte, ob sie bereits ein Urteil über mich gefällt oder noch gar nichts bemerkt hatte, doch die Spannung beim Betreten ihres Büros war greifbar.

Ich setzte mich in den Sessel ihr gegenüber und musterte die Aktenstapel, die wie Burggräben zwischen uns lagen. Bedauerlicherweise war ihr Kopf hinter ihrem PC verschwunden, dessen Lüfter mein Gesicht erhitzte und meine Verstörung steigerte.

»Sie wollen also (*ich verrenkte mich auf meinem Sitz, um von ihren Lippen abzulesen, aber das blasse Gesicht entzog sich meinem Blick*) Sommer.«

Vielleicht spielte sie auf einen Sommerjob an? Warum nicht.

Vielleicht fragte sie schon nach meinem Sommerurlaub? Unmöglich.

Vielleicht fragte sie mich, ob ich einen schönen Sommer verbracht hatte? Das konnte nicht sein.

Es hätte auch »kommen« statt »Sommer« sein können, möglicherweise wollte sie also wissen, ob ich zu ihnen kommen wollte.

Auf gut Glück antwortete ich: »Ja.«

Ihr brauner Kopf tauchte hinter dem Bildschirm auf und musterte mich erstaunt, bevor er wieder hinter seinem Bergfried verschwand.

Dann meinte ich zwischen einem Räuspern oder Grummeln das Wort »anmaßend« zu hören. Mein Phonemgedächtnis suggerierte mir zumindest nichts anderes. War ich etwa anmaßend? Was hatte ich Ungeschicktes sagen können? Was genau meinte sie?

Mich packte die Wut, während das Grummeln immer vernehmlicher wurde.

»Verstehen Sie (*Gekläff*) wir wollen (*Grummeln*)«, fragte die Stimme hinter dem PC.

Ich hörte es nur noch bellen, jaulen und kläffen, um mich herum klang alles nach einem misshandelten Hund.

Dann war ein Klingelton zu vernehmen, sollte das ein Feueralarm sein? Alle meine Organe gerieten in Panik. Die Abteilungsleiterin tastete ihre Akten ab und förderte schließlich einen Telefonhörer zutage.

Das war es nur!

Ich murmelte ein »Bitte schön!« im Dreiviertelprofil, um ihr zu bedeuten, dass ich das Gespräch nicht mit anhörte, mich aber nach wie vor bereithielt; das Ganze garniert mit einem entspannten Lächeln.

Ich schielte auf ihre Tastatur und versuchte, meine Lust zu bezähmen, nach diesem grandios gescheiterten Tag einfach die Backspace-Taste zu drücken.

In diesem Moment spürte ich einen warmen Luftstrom an meinen Waden, der nicht vom PC-Lüfter stammte. Ich nutzte die Unaufmerksamkeit meines Gegenübers, um unter meinen Sitz zu schauen, als mich ein plötzlicher Schmerz aufschreien ließ. Ein Deutscher Schäferhund, ein Tschechoslowakischer Wolfshund oder ein Bull Terrier hatte mir in die Wade gebissen. Er starrte mich mit seinem einzigen Auge an – das andere war kaputt – und hatte, bereit wieder anzugreifen, das Maul weit aufgerissen. Wie gelähmt schaute ich nach unten und zog unendlich langsam die Beine hoch, bis ich meine Knie an die Brust pressen konnte, die Abteilungsleiterin legte auf.

Sie sah mich empört an. Ich setzte mich wieder ordentlich hin und betete, dass ich nicht von dem Hund attackiert wurde, der mit dem Schwanz auf den Boden schlug. Offenbar bekam die Abteilungsleiterin nichts davon mit.

»(*Grummeln*) Stunde Handicap.« Das schien eine Frage zu sein. Was konnte ich darauf antworten? Ihr die Schwerhörigkeit erläutern, die Verunsicherung, wie sollte ich ohne zittrige Stimme darüber sprechen? Der gefürchtete Moment war da, sie würde eine Reihe unangenehmer Fragen stellen. Ohne zu überlegen, versuchte ich es mit einem Ablenkungsmanöver und erwiderte:

»Handicap ist eigentlich ein Begriff aus dem Pferdesport, der im 18. Jahrhundert in England auf der Pferderennbahn aufgekommen ist. Die auf das jeweilige Pferd gesetzte Summe wurde in einer Mütze – auf Englisch *cap* – gesammelt. Bei einem Handicap-Rennen wird dem besseren Pferd ein größeres Gewicht aufgeladen, damit die wettkämpfenden Tiere mit gleichen Chancen ins Rennen gehen.«

Und angesichts ihrer sprachlosen Miene schloss ich: »Wenn Sie auf mich setzen, gewinnen Sie das Rennen, Ihr Plansoll an Arbeitnehmern mit Behinderung zu erfüllen – ein echter Gewinn!«

Sie erhob sich und unterstrich damit das Ende unseres Nicht-Gesprächs, reichte mir ihre schlaffe Hand, in die wiederum ich meine feuchte Hand legte, und schob mich Richtung Tür.

# 11.

Ich verließ den Fertigbau, den unbekannten Hund auf den Fersen. Er lief hinter mir her. Was hatte er nur hier zu suchen? Mit gefletschten Zähnen versuchte er mich zu attackieren, aber ich blieb stehen, verbot es ihm mit erhobenem Zeigefinger und wartete geduldig, bis sich alle Anzeichen von Feindseligkeit verflüchtigt hatten. Niemand schien ihm Beachtung zu schenken. Dabei war es ein imposanter Hund mit schwarzem Fell und kräftigem Körper. Ich hoffte, er würde so schnell wieder verschwinden, wie er gekommen war, aber er folgte mir bis nach Hause.

Im Innenhof rief ich meine Mutter an.

»Hallo Mama, es ist vorbei. Ich weiß immer noch nicht, für welche Stelle, aber ich habe auch keine Fragen gestellt, ich war sicher, dass ich die Antwort nicht verstehen würde, weißt du, die Abteilungsleiterin hat eine mittelhohe Stimme, ich verstehe sie nicht. Nein!«, brüllte ich den Hund an.

»Ist auch alles in Ordnung?«, fragte meine Mutter besorgt.

»Entschuldige, aber mir läuft seit dem Rathaus ein Hund hinterher.«

»Dann rufst du am besten die Lorelei an.«

»Die Lorelei?« Meine Mutter hatte schon immer komische Ideen gehabt.

»Hallo!« Ich erkannte die Licht-Stimme meines Nachbarn. Ich zeigte auf mein Telefon, um ihm zu bedeuten, dass ich gerade nicht gut antworten konnte.

»Ja, Mama, ich ruf die Lorelei an.«

»Aber nein (*Ich hörte das erstickte Lachen meiner Mutter, vielleicht auch das Geräusch der von der Metro unterbrochenen Verbindung*), die Polizei.«

Der Nachbar musterte mich verstohlen und zog an seiner Zigarette, die zwischen Daumen und Zeigefinger klemmte.

»Ich hör dich nicht mehr, Mama, lass uns später nochmal sprechen.«

Der Gott der unterbrochenen Verbindungen war mir zuvorgekommen, die Leitung war tot.

Ich küsste den Nachbarn auf die Wangen und versetzte dem Hund, der wie wild um uns herumtollte, einen Fußtritt.

»Ich weiß auch nicht, was los ist, der folgt mir jetzt schon die ganze Zeit«, sagte ich und wies mit dem Kinn auf das Tier, das spielen wollte.

Der Nachbar schaute mich verwundert an, während er mir seinen Rauch ins Gesicht blies: »Wer? Wovon redest du?«

Ich wandte den Kopf, doch das Tier war verschwunden. Entgeistert schaute ich zum gebräunten Gesicht des Nachbarn auf.

»Hattest du einen guten Tag?«, fragte er in einer empathischen Anwandlung.

Ich berichtete von meinem Gespräch im Rathaus oder vielmehr davon, wie es in einer idealen Welt hätte laufen sollen: »Na ja, sie will mich bald zurückrufen, es gibt noch andere Kandidaten.« Ich hatte keine Ahnung, aber dachte mir lieber irgendetwas aus.

»Das ist schon mal ein Pluspunkt, wenn du als Erste dran warst. Zumal die sich beim Rathaus nicht die Köpfe über jede Neueinstellung zerbrechen.«

Lügen haben ihr Gutes, sie lassen einem die Gelegenheit zu hoffen.

## 12.

Ich weiß nicht, welchem Wunder ich es zu verdanken hatte, dass mich das Rathaus zwei Wochen später anrief. An der Nummer erriet ich, dass sie es waren, aber meine Angst vor dem Telefon versetzte mich in einen Zustand der Lähmung. Ich starrte auf die Zahlen, die auf dem Display blinkten, war aber außerstande zu antworten. Ich hatte nicht die geringste Lust zu erfahren, ob ich die Stelle nun hatte oder nicht. Ich kannte mich hinreichend mit Zwischenzuständen aus, um mich gemütlich darin einzurichten.

Mein Über-Ich war anderer Meinung, und ich musste meine Freundin Anna bitten, auf meiner Mailbox die Nachricht für mich abzuhören. Ich merkte mir nur das Wichtigste, ich war eingestellt worden und fing nächste Woche an. Das deprimierte mich.

»Los, das feiern wir!« Anna schlug mir vor, sie auf eine ihrer merkwürdigen Partys zu begleiten, »du wirst schon sehen«, sagte sie mit einem verheißungsvollen Augenzwinkern. Anna mochte Partys, die entgleisen konnten. Sie lebte eigentlich nur dafür und frohlockte, wenn es übel endete. »Ich habe eben einen Seelen-Überschuss«, rechtfertigte sie sich, während ihre Augen melancholisch blitzten. Ich kannte sie seit der Grundschule, wir hatten damals mit Unmengen toter Würmer gespielt. Als Kind hatte sie meinen Hörapparat für einen Zweig gehalten, vielleicht sind wir deshalb Freundinnen geworden. Mir gefiel die Vorstellung, dass dort in meinem Ohr ein Baum wuchs, der tief in meinem Hörorgan wurzelte und sich hinter dem knorpeligen Teil, der sogenannten *Helix*, dem Licht entgegen verzweigte.

Ich ließ mich überreden und stieg mit ihr in eine S-Bahn. Annas heisere Stimme verschmolz mit den Zuggeräuschen zu einem Obertongesang. Ich war sicher, dass sie gerade eine der Theorien herunterspulte, die in ihrem Kopf wucherten. Das Angenehme an Annas Theorien war, dass sie ihr nicht übermäßig wichtig waren, wenn ich wollte, konnte ich sie also überhören, ohne dass es ihr das Geringste ausmachte.

Seit einer gemeinsamen Reise nach Andalusien kannte ich Anna und ihre vollen Lippen so gut, dass ich in jeder Situation, sogar unter den flackernden Neonröhren der S-Bahn, von ihnen lesen konnte.

Auf dieser Rundreise durch Andalusien mitten in der drückenden Augusthitze hatte das Plastikende an meinem Hörgerät einen Riss bekommen. Annas Lippen wurden zu meiner Landkarte. Ich las aus ihren Erhebungen und Falten sämtliche sprachlichen Betonungen und aus den Kniffen des Amorbogens die unterschiedlichen Schattierungen von Ironie.

Die bergige Geografie der Sierras war die Makroversion von Annas Lippen. Seitdem brauchte ich sie gar nicht mehr zu hören, um sie zu verstehen.

»Deine Ohren sind überflüssig, die können sich abschalten, ohne dass es dir etwas ausmacht«, sagte sie zu mir. »Und verdient diese Gesellschaft es überhaupt, gehört zu werden?« Dann erklärte sie mir, dass ich so wenigstens einen guten Vorwand hätte, Thoreau zu spielen und mich bis an mein Lebensende in eine Hütte im Wald zurückzuziehen.

Ich war mir nie ganz sicher, ob Anna nicht vielleicht die Stimme der Vernunft war.

An diesem Abend in der S-Bahn bezog sich Annas Theorie auf ein Buch, aus dem sie sich einen Satz gemerkt hatte: »Wenn wir versuchen, nach dem Unerreichbaren zu streben, machen wir das Mögliche unmöglich.«

## 13.

»Nur noch eine Station«, sagte Anna. Ich hatte auf dem Plan in der S-Bahn kaum den Namen der Stadt lesen können, da standen wir schon auf dem eiskalten, nieseligen Bahnsteig. Allein die Straßenlaternen boten einen Lichtblick in der stockdunklen Nacht. Auf dem Parkplatz erwartete uns ein Auto, ein Fiat Panda, zu dem wir hinüberrannten. Wir setzten uns in den verqualmten Wagen, nachdem wir unsere nassen Wangen an das bärtige Gesicht des Fahrers und an das glattrasierte des Beifahrers gepresst hatten. Es stank nach Hund, ich schwieg die ganze Fahrt über, völlig von diesem Geruch eingenommen, der mich an die merkwürdige Erscheinung des einäugigen Tiers bei meinem Gespräch im Rathaus erinnerte. Anna wiederum teilte mit den beiden Typen lautmalerische Erinnerungen.

Das Haus, in dem das Fest stattfand, war der ganze Stolz seiner Bewohner. Für wenig Geld hatten sie diese unansehnliche Bude gekauft und die Nebengebäude zu ihrem »Lebensraum« erkoren. Der Schaumstoff des Dämmmaterials wuchs flechtenartig aus dem Gipskarton, und das Linoleum wellte sich unter den schlammverkrusteten Schritten der Gäste.

Der Gastgeber läutete mit einer kleinen Glocke, und

die kleinen Gästegruppen strebten wie selbstverständlich ins Esszimmer.

Wir drängten uns etwa zu zehnt um den runden Nussbaumtisch. Neben mir stellte Anna die anderen vor: Der bärtige Sebastian und der bartlose Thomas, die uns hergefahren hatten, saßen mir gegenüber, neben ihnen ein distanziert wirkendes Pärchen. An ihrem verschlossenen Blick erriet ich, dass ihr Freund sie mitgeschleppt hatte und sie ihm beim ersten toten Punkt einen siegesgewissen Blick zuwerfen würde.

Ich glaube, Anna zählte sie, Emilie, zu den potenziell Entgleisenden. Sie beobachtete immer die Schwächen der anderen, sah sich bereits in der Rolle der Therapeutin für eine abdriftende Gruppe. Gerahmt wurden wir von dem Hausbesitzerpaar, er eine lange, krumme Bohne, sie ein kompaktes, kleines Kartoffelklößchen. Die Unterhaltung war allmählich in Gang gekommen, aber ich hörte die Männerstimmen nicht, die zu tief waren, um zu mir vorzudringen. Die in Weinflaschen gesteckten Kerzen auf dem Tisch erleuchteten die Gesichter schwach und flackerten beim geringsten Atemzug. Ein aufbrandendes Gelächter, Emilies Seufzer oder weit ausholende Gesten tauchten uns regelmäßig in ein Dämmerlicht. Natürlicherweise schlüpfte ich in die Rolle der Flammenträgerin und achtete darauf, dass das Licht gerecht auf alle verteilt wurde. Ich ging als Mutter Teresa durch, während ich diese Aufgabe in Wirklichkeit nur aus purem Egoismus übernahm. Ich war verzweifelt, dass ich nicht mitkam, allein die Stimmen von Emilie und dem Kartoffelklößchen drangen durch den Klangteppich.

Erneut läutete der Gastgeber die Glocke mit einer übertrieben eleganten Geste. »Und hier die Vorspeise, liebe

Freunde!«, verkündete er triumphierend, bevor er eine Porzellanschüssel auf den Tisch stellte.

Auf den ersten Blick schien sie leer zu sein. Die Münder um mich herum flatterten zwischen Kommentaren und Gelächter hin und her, dann beugten wir alle unsere Köpfe in die Tischmitte und stellten fest, dass die Schüssel voller kleiner blauer Pillen war. Anna jubelte: Das Fest konnte beginnen. Alle bedienten sich. »Halt, wartet!« Anna holte ihr selbst ausgedachtes Tarotspiel heraus und forderte uns auf, eine Karte zu ziehen. »Kartoromancière« war ein Spitzname, der gut zu ihr passte.

Meine Karte war »der Krieger«.

Wir hielten die kleinen Pillen hoch wie Hostien. Ich fragte mich trotz allem, was ich in dieser unhörbaren Bruderschaft verloren hatte. Das Kartoffelklößchen rückte heran, um mir die Geschichte einer Spinne zu erzählen, die sich für eine Weile in ihrem Gehörgang eingenistet hatte – ich hatte die Gabe, sämtliche Ohr-Geschichten anzuziehen. In einem exaltierten Tonfall beschrieb sie mir detailliert jedes Geräusch, das sie verzückt entdeckt hatte, und das erstaunlichste von allen: die an ihrem Netz webende Spinne. Ich gab alles, was ich von den Forschungen der Armee über Spinnenseide wusste, wieder. So webten wir mit unserer feuchten Aussprache einen kleinen Kokon aus Freundschaft und Spucke.

## 14.

Ich fühlte mich zunehmend leichter: Das dicke Gewebe des Klanghintergrunds begann sich zu lichten.

Die Gespräche verschmolzen miteinander. Wörter anderer Stimmen überlagerten die Ausführungen des Kartoffelklößchens. Ich wusste allerdings nicht, wer gerade sprach, die Klänge blieben zweidimensional. Die Sätze bildeten surrealistische Klangcollagen. Ich suchte die Nähe der tiefen Stimmen, ich baute mich, fasziniert von seinem Timbre, vor Sebastian auf: Ich hatte das Gefühl, unter einer Glocke zu sitzen, die bei jedem Konsonanten schlug; meine Brust bebte bei allen *r*s, als wäre ich selbst der Mechanismus, der die Zunge im Mund rollen ließ. Es war alles absolut klar, ich beteiligte mich an Sebastians Unterhaltung über den Gesang der Sterne, auch Thomas warf etwas dazu ein. Nichts entging mir, noch nicht einmal die Gespräche zwischen Emilie und dem Kartoffelklößchen, die sich um Eifersucht drehten.

Die Behandlung war erfolgreich gewesen, ich konnte wieder hören, hörte sogar besser als vorher!

Ich wollte mein Wiederhörenkönnen mit Anna feiern, aber sie war verschwunden. Ich hörte das Geräusch meiner Turnschuhe, die auf dem Boden quietschten, das Geräusch der knarzenden Stühle. Gewitterartig grollte ein

Lachen durch die Anwesenden. Mein Ohr fühlte sich von den diamantenen Klängen angezogen, ich wollte mich in diesem Gelächter wälzen wie in frischem Gras, und Anna sollte dabei sein.

»Wo ist Anna?«, fragte ich die vergnügten Münder. Niemand antwortete.

»Wo ist Anna?«, fragte ich etwas lauter. Nur die Blicke drehten sich in meine Richtung. Ich verließ die Girlande aus Mündern, um in den anderen Zimmern nach Anna zu suchen. Das Lachen entfernte sich allmählich. So war es also, zu hören? Die Erleichterung zu verspüren, wenn ein Klang immer schwächer wird, je weiter man sich entfernt?

Ich, die ich bisher nur das Schwarz und das Weiß wahrgenommen hatte, hörte nun den ganzen Umfang des Klangs im Raum. Dann sah ich durch eine halboffene Tür am Ende eines dunklen Gangs Annas Haar im Licht schweben. Mit wem tanzte sie wohl? Es waren ja alle im Esszimmer versammelt. Doch Anna hatte noch nie jemand anders gebraucht.

Ich stieß die Tür behutsam auf, gerade so weit, dass ich sehen konnte, wie Anna sich mit ausgestreckten Armen und zurückgeworfenem Kopf drehte und tatsächlich nicht allein war. Sie drehte sich schnell, so schnell, dass ich nur die helle Farbe ihrer Haare und die blaue Kleidung des dunkelhaarigen Tänzers ausmachen konnte. Ich erstarrte: Anna tanzte mit meinem Soldaten. Er wirbelte sie herum wie ein Derwisch, sein Körper steckte steif in seinem unordentlichen Aufzug, der Soldatenmantel war über seinem glänzenden Oberkörper geöffnet, wobei die Schweißtropfen mit den Knöpfen um die Wette glänzten. Alles an ihnen blitzte, Annas Locken, Annas

Zähne, der Oberkörper des Soldaten und seine goldenen Knöpfe, fast war es, als hätte sich der Morgentau auf ihren heiligen Tanz gelegt.

Ich sah, wie sie sich an ihrem Reigen berauschten, der nach und nach langsamer wurde. Als sie wieder zu sich kamen, mit hechelnden Körpern wie Hunde in der Sommerhitze, ging ich mit einem breiten Lächeln auf sie zu. Annas Lachen klang langsam gedämpfter, ich hörte die Luft in ihren Brustkorb ein- und ausströmen, nahm zum ersten Mal – sie hatte früher Asthma gehabt – ein leises Pfeifen in ihrem Atmen wahr. Ich hörte das feuchte Lecken, wenn sich der Soldat mit der Zunge über die Lippen fuhr. Es war alles ungeheuer laut, ich war überwältigt, ich hörte, wie ich noch nie gehört hatte.

## 15.

Der Soldat drehte eine Zigarette mit seinen schwieligen Händen und hielt sie Anna hin, als würden sie sich schon ewig kennen. Anna zog uns in eine Ecke des Zimmers, eine kleine Bettnische hinter drapierten Samtvorhängen. Unter einer alten Lampe mit einem wackeligen Schirm setzten wir uns auf die Kissen. Wir rauchten schweigend unsere Zigarette und schauten uns in stillem Einvernehmen an. Ich genoss es, wieder hören zu können, der Rauch, den sie ausbliesen, verursachte einen warmen Klang, ein leiser werdendes Zischen, das in eine hohe Note mündete. Ich hörte, wie mein Atem sich genussvoll dehnte, und sie antworteten mit sinnlichen Seufzern. Die grünen Augen des Soldaten glänzten, seine Lider hoben und senkten sich lasziv, das Weiß seiner Augen war blutunterlaufen, sein Mund leicht geöffnet. Anna und ich hingen an seinen Lippen, und er schaute mit der gleichen Intensität auf unsere Münder. Wir beobachteten eine Zeitlang die Venen an seinem Hals, folgten dem letzten Schweißtropfen, der am Chemin des Dames herabrann, während er unsere Gesichter studierte und bei Kinn und Hals verweilte. Wir sahen uns an wie Männer und Frauen, die lange keine menschliche Wärme mehr verspürt hatten, als wären wir die letzten Überlebenden. Plötzlich begann Anna zu lachen und warf den Kopf in den Nacken, dann summte sie ein Lied, das der Soldat zu erkennen schien:

Mit tiefer Stimme sang sie: »What will I do if you leave me? / Do not forsake me, oh my darlin'«.

Vielleicht stammte der Song aus einem Film. Anna hatte die Begabung, immer dann einen dieser Songs zu trällern, wenn man am wenigsten damit rechnete, und das funktionierte, irgendjemand spielte sofort mit.

Während er mich ansah, fuhr der Soldat mit seiner brüchigen Stimme fort: »Do not forsake me, oh my darlin' / You made that promise when we wed / Do not forsake me, oh my darlin'! … Wait along / Wait along …«

Ich drückte dem Soldaten einen Kuss auf die von Alkohol oder Desinfektionsmittel getränkten Lippen, mit dem merkwürdigen Gefühl, diese Worte selbst ersonnen zu haben. Angesichts meiner verstörten Miene säuselte der Soldat: »Vergiss nicht.«

Dabei wollte ich ja gerade alles vergessen und für immer hierbleiben.

Wieder trällerten sie das erste Lied, lauter und lauter, und Anna wiegte sich hin und her und fuhr dem Soldaten mit den Fingern durchs Haar.

»Anna«, sagte ich, »dieser Mann ist ein Teil meines Lebens.«

Sie nickte stumm. Dann bat sie ihn, uns eine Geschichte zu erzählen, und er setzte zu einem Bericht über ein Kartenspiel im Schützengraben an, eines Abends, als einer der Frontsoldaten das Foto einer Frau anstelle der Herzdame hervorgeholt hatte. »Dieses Frauenfoto hat mich verrückt gemacht.« Er habe sich für immer diesem Bild verschrieben, seither verfolge es ihn und mache ihn krank. »Sehen wir ihr ähnlich?«, fragte Anna.

In diesem Moment stürmte der übrige Trupp lärmend ins Zimmer, angeführt von einer hysterischen Emilie, gleich dahinter Thomas und Sebastian, offensichtlich hatten alle Lust zu vögeln. »Ich hab's dir doch gesagt, alles, was du machen willst, mache ich immer besser als du!«

Anna warf einen Blick hinten in den Gang und stellte fest, dass Emilies Freund allein zurückgeblieben war und mit traurigem Gesicht einen Hund kraulte. Sie zwinkerte mir zu, und froh über die Wendung, die der Abend genommen hatte, folgte sie der kleinen, aufgekratzten Gruppe rund um Emilie, die sich im sogenannten »Lebensraum« gerade auszog; und ich fand, dass das Leben wirklich der schönste Ort war, den man durchqueren konnte.

## 16.

Als ich aufwachte, kitzelten mir die Körperhaare des Soldaten die Nasenlöcher. Ich spürte Annas warmen Atem, die, wie ich, eng an seinen Oberkörper geschmiegt, geschlafen hatte. Die für gewöhnlich pockennarbige Haut des Soldaten wirkte, von der Nacht und vom Alkohol aufgedunsen, glatt. Annas Mund war vom Küssen der Körper wund, ich war nackt. Rechts von mir blies Thomas mir seinen Atem in den Nacken und hatte eine Hand auf meine Hüfte gelegt, ich spürte seinen morgendlichen Ständer an meinen Rücken pochen. Ich sah weder Sebastian noch Emilie noch das Kartoffelklößchen, erahnte sie aber an der Form der Laken, die den Boden bedeckten. Ich hatte mein Hörgerät herausgenommen, aber vergessen, wo ich es hingelegt hatte. Alarmiert befreite ich mich aus der Anhäufung von Körpern und machte mich auf die Suche nach meinem Apparat. Ich griff mir aufs Geratewohl etwas zum Anziehen heraus, weil ich meine eigenen Klamotten nicht fand. Auf der Suche nach meinem Apparat verschob ich, leider vergeblich, sämtliche belebte oder unbelebte Partyleichen, bis der Soldat ihn mir hinhielt. In seiner großen Hand sah er aus wie ein schlafendes Seepferdchen. Ich schaltete ihn an und bedankte mich bei ihm, seine Antwort hörte ich allerdings nicht.

Die Leute erwachten, sie suchten ihre Kleider, vornübergebeugt wie Erntehelfer. Ich hörte die Stimmen und Schritte nicht mehr. Thomas küsste mich und murmelte etwas, das ich nicht verstand. Sebastian sah mich wissend an: »Das Gras der Kaninchen.«

»Welches Gras?«

»Die blassen Kaninchen?«, fragte er weiter.

»Redest du über Cunikultur?«

Er lachte, und mit ihm die ganze Clique, aber ich hörte das Lachen anders als gestern.

Der Soldat reichte mir einen Zettel, bevor er verschwand: »Ich hab dir doch gesagt, dass du nicht vergessen sollst.«

»Die v-förmige Seide, komplett peruanisch. Die Stomatologie gehört zu NATU.«

Thomas redete nicht unbedingt von Netflix, Airbnb, Tesla und Uber. Auch nicht zwingend von einer Darmkrankheit, von einer Seidenraupenzucht oder irgendetwas Peruanischem.

Alles verschwamm ineinander, die Welt wurde aufs Neue undurchdringlich.

»Anna«, sagte ich, »die Wirkung der Behandlung ist schon wieder vorbei.«

Sie erklärte mir, das sei normal, sie halte nicht länger an als eine Nacht. Auf dem Rückweg mauerte ich mich in einen apathischen Zustand ein, während der Hund auf meinen Rock sabberte.

## 17.

Ich brach am nächsten Morgen, als Geschäftsfrau verkleidet, zu meinem ersten Arbeitstag im Rathaus auf. Unterwegs sah ich durch die Fenster der Hochbahn auf die Straße.

Wie schafften die Leute es, Sachen unkompliziert zu erledigen? Zebrastreifen zu überqueren, das Telefon zu beantworten.

Ich sog die feuchte Herbstluft ein, bevor ich das Rathaus betrat, um das Büro der Abteilungsleiterin aufzusuchen. Es lief genauso ab, wie ich es mir vorgestellt hatte: schlaffe Hand – unhörbare Ansprache – wachsende Beunruhigung – Präsentation der Büros, Kolleginnen und Kollegen – Ankunft an meinem Arbeitsplatz. Ich hatte mir vage gemerkt, dass es um die Erfassung aller Neugeborenen ging.

Ich sollte die Nutzer bei der Ausstellung von Geburtsurkunden begleiten und ihre Anträge an diverse Stellen innerhalb der Verwaltung weiterleiten.

Ich hatte den Vormittag, um die Software-Anleitung zu verinnerlichen und »mich einzufinden«.

Nach ein paar fruchtlosen Interaktionen mit meinen vier Kollegen bei den Geburtsurkunden erklärte ich ihnen schließlich, was bei mir nicht rundlief.

Ich nahm mir die Zeit, ihnen die Sachlage genau auseinanderzusetzen: Auf dem linken Ohr sei ich vollständig taub; auf dem rechten Ohr schwerhörig und Hörgeräteträgerin, müsse also von den Lippen lesen, um eine durchlöcherte Sprache zu ergänzen.

In ihrem Blick leuchtete etwas auf. Ich begann, einen hohen poetischen Mehrwert zu verkörpern, als ich betonte, dass ich zum Hören Licht bräuchte. Doch als ich sie bitten musste, zu wiederholen, was schon mehr als zweimal gesagt worden war, brach die ganze Poesie auf einen Schlag zusammen: Ich machte keinen poetischen Eindruck mehr, nur noch einen zurückgebliebenen.

Meinerseits wirkten die Kollegen auf mich wie eine im gleichen braunen Trenchcoat steckende akustische Masse.

Eine Kollegin jedoch durchbrach die nasskalte Atmosphäre. Sie hieß Cathy, hatte Sommersprossen und einen ernsten Gesichtsausdruck, als hätte ich nur ihr persönlich ein Geheimnis anvertraut. Ich wusste, dass sie Cathy hieß, weil sie ihren Vornamen mit Nachdruck erläutert hatte. »Wir sind hier zwei Cathys.« Den Rest verstand ich nicht, auch nicht, welche Eigenschaft sie erwähnt hatte, die sie noch mehr zu einer Cathy machte als die andere.

Sie erinnerte mich an die Ponys mit dem Regenbogenschweif aus meiner Kindheit, denen ich die Mähne abrasiert hatte.

Anna hätte gesagt, dass sie bestimmt alles gelesen hatte, was in den Bereich »Personal Branding« oder »Persönliches Marketing« gehörte. Anna malte sich gerne aus, welche Bücher bei den Leuten auf dem Nachttisch lagen, vor allem bei denen, die sie nicht kannte. Je weniger sie von ihnen wusste, desto richtiger lag sie im Übrigen.

Ich hatte die berechtigte Hoffnung, dass sich die Stimme von Cathy+ mit ein bisschen Übung als »Produkt des Vertrauens« in meinem Hirn verankern und ich sie deutlich hören würde, um nicht mehr ausschließlich von ihren Lippen lesen zu müssen.

Sie sagte, dass sie mich verstand. Ich glaube, sie meinte meine Ohren. Aus ihren Händen auf dem Herzen und ihren gespitzten Lippen folgerte ich, dass es ihr »naheging«. Sie legte sich einen verschwommenen Blick zu, ich konnte sehen, wie ihre hellbraunen Augen abirrten, als wäre ich aus gekörntem Glas.

Sie bestand darauf: Ich könne auf sie zählen.

Den restlichen Tag verbrachte ich damit, das Zutrauen der anderen Kollegen zu gewinnen. Aus der Nähe betrachtet waren sie sehr unterschiedlich. Die andere Cathy war weniger blond als Cathy+, hatte die Stimme einer Raucherin und stark geschminkte Augen, so wassergrün wie die Tapete des Logopäden. Ich verstand vom Vornamen des hochgewachsenen Kollegen nur das »la«, er hieß vermutlich eher »Nicolas« als »Charles«. Mein Ohr hatte nichts Gerolltes gehört, und das *a* schien mir so hell und klangvoll, dass ich es in Gesellschaft von einem *l* vermutete, weniger von einem *r*, das die Vokale eindunkelte. Jean-Luc – diesen Vornamen hatte ich deutlich verstanden: Zusammengesetzte Namen waren manchmal einfacher, auch wenn ich beim zweiten Vornamen oft danebenlag, hier aber knallte das abschließende *c* so hervor, dass ich das einsilbige Wort nicht mit dem »No« von Jean-No verwechseln konnte. Ich war froh, bei den Geburtsurkunden arbeiten zu können, mein innerer Lexikograf für Vornamen würde sicher unschlagbar werden. Ich hätte keine Angst mehr vor Vorstellungsrunden. Jean-Lucs tiefgekühlte Teenagerausstrahlung rührte mich ein wenig, aber er hatte etwas an sich, was mir kein Vertrauen einflößte, er gehörte zu denen, die nur durch Denunziation überleben.

Anna erwartete mich draußen nach Büroschluss, sie wollte die Stimmung wittern und die Kollegen in Augenschein nehmen. Sie machte sich ein bisschen lustig, wie eine spöttische Schwester am ersten Schultag nach den Ferien. »Aber Cathy+ ist doch nett«, sagte ich treuherzig, weil ich mich ihrem Inklusionsversuch verpflichtet fühlte. »Pass auf, in einem Unternehmen ist nie jemand einfach *nett*«, erwiderte Anna. Woraufhin ich versetzte, dass sie, die sich damit brüsten konnte, nie ein Bewerbungsgespräch geführt zu haben, wirklich keine Ahnung habe.

## 18.

Am zweiten Tag kam ich ein bisschen zu früh. Ich sagte mir, dass der Tag schneller vorbei wäre, je früher ich ihn in Angriff nähme. Auf meinem Schreibtisch lag schon die Chipkarte für die Kantine, Cathy+ hatte sich darum gekümmert. Ich stammelte gerade ein Dankeschön, als das restliche Team durch die zweiflügelige Brandschutztür kam und mich begrüßte. Ich vertiefte mich in die Broschüren, die man mir über meine Eigenschaft als Vertragsbedienstete zu lesen gegeben hatte, und in interne Dossiers wie die Betriebsratswahlen. Auf der Liste der potenziellen Kandidatinnen und Kandidaten für die nächsten Wahlen standen die Nachnamen von Cathy+ und Jean-Luc.

Als ich die Schlange sah, die sich hinter den als Schreibtischen dienenden Tresen gebildet hatte, geriet ich in Panik. Alle diese Münder, die Vornamen, Namen, vielleicht Fragen formulieren würden. Ich hatte noch nie gezielte Anfragen beantworten müssen.

Cathy+ und ihre runden Zähne ermunterten mich, als der erste »Nutzer« nähertrat – man hatte mich in einer E-Mail, die einer Charta des öffentlichen Dienstes glich, ausdrücklich darauf hingewiesen, dass man weder »Kunde« noch »Patient« sagen durfte, auch wenn ich fand, dass das administrative Auf-die-Welt-Kommen durchaus eine professionelle Gebursthilfe erforderte. Ich hatte den Nutzer kaum begrüßen können, da hatte er mir schon die ersten Fragen oder vielmehr eine Bandwurmfrage gestellt. Seine Stimme folgte der Bewegung einer rostigen Schaukel, manche Wörter verkrochen sich mit dem Geräusch einer Seilrolle in seiner Kehle, während andere lauter wurden und bis zu meinen Ohren vordrangen. Sein Mund verformte sich regelmäßig in einer von der Nase herrührenden Anspannung, die den Schwerpunkt der Wörter verschob und meinen Blickwinkel auf seine Zunge veränderte. Ich war verloren, nahm aber meinen Mut in beide Hände und reichte ihm das Formular der Geburtenanmeldung mit dem entspannten Lächeln von jemandem, der die Situation im Griff hat. Er schien ein bisschen überrascht, sagte nichts mehr und füllte gewissenhaft das Formular aus, bevor er es mir ein paar Minuten später etwas niedergeschlagen zurückreichte, mit den Schultern zuckte und dem nächsten Nutzer Platz machte. Es war eine etwa fünfzigjährige Frau mit einem Akzent, der sie bei jedem Vokal die Mundwinkel in die Breite ziehen und die Konsonanten übertrieben artikulieren ließ, sodass die Silben ganz abgehackt klangen. Vielleicht nahm sie mir die Tatsache, dass ich sie bitten musste, ihr einziges Gesuch – sie wollte die Geburtsurkunde ihrer Tochter abholen – zu wiederholen, nur deshalb nicht übel, weil sie Ausländerin war. Ich erklärte ihr die weiteren Schritte, und sie verließ mich mit einer Litanei von »Okays«, wie eine Basslinie, mit der sie sich den Fortgang einzuprägen versuchte. Andere Nutzer folgten, ich sagte mir immer wieder das Mantra »Den Verrückten mimen, ohne das Gleichgewicht zu verlieren«

aus Sun Tsus *Die Kunst des Krieges* auf, sobald ich merkte, dass ich nichts mehr verstand, dass sich die Klangflut in eine Schlammflut verwandelte und die Tonspur der Lippen nichts mehr erhellte.

Außerdem sollte ich Empfangsbestätigungen verschicken, um ein junges Leben von diversen Stellen für gültig erklären zu lassen, wobei ich das merkwürdige Gefühl hatte, dass ich neue administrative Schicksale gebar. Mit zwei Wörtern: Vor- und Nachname, um den Rest würde sich die Gesellschaft kümmern.

Es hatte zur Mittagspause geklingelt. Meine diesbezüglichen Erinnerungen reichten bis in die Kindheit zurück und beschränkten sich im Wesentlichen auf Geschosse aus pappigem Brot oder Hackfleisch, auf unzusammenhängende, von vollen Mündern zerkaute Gespräche inmitten eines Gewirrs aus Stimmen. Ein Stimmengewirr, das ich hinter der Tür unmittelbar wiederfand.

Als ich vor der Schlange in der Kantine stand, versuchte ich herauszufinden, ob es noch andere Menschen mit Behinderung gab. Ich hatte gelesen, dass in den Rathäusern etwa hundert pro Jahr eingestellt wurden. Ich suchte Augen, Ohren, Füße und Arme nach Prothesen ab und ließ, da ich sonst nichts fand, meinen Blick auf einer weiblichen Brust ruhen, die einem Granattrichter ähnelte. Doch als ich mich meinerseits beobachtet fühlte, wandte ich den Kopf und begegnete dem auf mein Haar konzentrierten Blick eines Kollegen; ich hörte auf, die Quartettkarten zum Thema »Behinderte im Rathaus« zusammenzusuchen, und setzte mich neben Cathy+ ans Tischende. Ich spürte genau, wie die Am-meisten-Plus-Cathy mich in den Kreis der über ihre Würstchen mit Kartoffelpüree gebeugten Rücken einführen wollte, spürte diese Hand, die sich auf meinen Unterarm legte, als wollte sie meiner Vergänglichkeit Einhalt gebieten; als wollte sie verhindern, dass mein Körper wie ein Chamäleon die Farbe des Pürees annahm, und vor allem den andern und sich selbst beweisen, wie unersetzlich sie war.

Jean-Luc schien es zu irritieren, dass ich einen »normalen« Eindruck machen konnte. Ich glaube, mein Apparat beschäftigte ihn, meine Behinderung war ihm irgendwie suspekt. Er pfiff anerkennend, als ich ihm erzählte, dass ich mithilfe der entsprechenden Vorrichtung einem Telefongespräch folgen konnte, aber schon eine Minute später sah er mich argwöhnisch an, als wäre meine Behinderung eine gegen alle angezettelte Verschwörung, als hätte ich sie nur erfunden, um die Stelle zu ergattern.

Ich kehrte in mein Büro zurück, erschöpft von der Anstrengung, diesem Pseudo-Austausch mit meinen Kollegen beiwohnen zu müssen. Nachmittags verzeichnete ich einen ganzen Blumenstrauß: Florina, Iris, Yasmine.

Von der Mittagspause war ich so ermattet, dass ich die Anliegen der »Rathausnutzer« nicht mehr erraten konnte. Am Ende meiner Kräfte schickte ich sie irgendwann zu Cathy+ für alle Fragen, die ich nicht verstand. Cathy+ wirkte leicht verändert und etwas düsterer auf mich, eine Winzigkeit in ihrem Blick gab mir zu verstehen, dass ich nicht so einfach davonkommen würde.

Ich tröstete mich mit der Idee, dass ich mir den Behindertenstatus schließlich nicht ausgesucht hatte, dass er über mich hergefallen war, so wie sie über mich hergefallen waren.

Als ich nach meinem Tag aus dem Fertigbau kam, wartete der Hund schon auf mich, folgte mir und bellte die Passanten an. Zuhause angekommen, ignorierte ich, noch ganz von dem um meine Waden wedelnden Tier beansprucht, meinen Nachbarn und ging auch nicht ans Telefon, als meine Mutter anrief. Ich hatte ohnehin nicht die Kraft, von meinen ersten Arbeitstagen zu berichten. Ich schmiegte mich lieber in die Arme meines Soldaten, und der Hund gesellte sich zu uns, als wären wir seine Herrchen.

»Ich höre nicht besser, eher schlechter sogar. Die Behandlung hat nicht funktioniert«, sagte ich zum Soldaten, während ich an die Hügellandschaft der Audiogramme dachte. »Ob ich eines Tages wohl den Meeresspiegel erreiche?«

Um mich zu trösten, wiederholte ich das Wort »Aufschneider«.

Ich sagte mir gerne altmodische Wörter auf, auch wenn ich sie ohne Apparat nicht hörte. Sie auszusprechen und auf meinen Lippen zu spüren war ein Pakt zwischen mir und der Sprache.

## 19.

Es beruhigte mich, dass die Zeit verging, aber ich hatte Angst, im Dezember und seinen langen bleiernen Nächten zu versinken. Ich fand das Verhalten meiner Kollegen merkwürdig. Cathy+ schwankte zwischen Heiterkeit und Verbitterung; von Zeit zu Zeit schien Jean-Luc sich in meiner Gesellschaft zu entspannen, bevor er wieder wie ein Aufseher dreinschaute; was »La« mit seiner felsküstenartigen Tolle betraf, war unser Verhältnis von einer an Feindseligkeit grenzenden Höflichkeit geprägt. Cathy- wiederum faszinierte mich. An ihren Tresen hatte sie Fotos von Welpen und Babys gepinnt. Von Weitem ein Wust aus flaumigem Fell, drallen Gliedmaßen und glasigen Augen. Ich fand, es war ein klares Anzeichen von Berufung, mit einer solchen Leidenschaft für alles, was geboren ist, und einem Desinteresse an allem Folgenden in der Abteilung für Geburtsurkunden zu arbeiten.

Plötzlich drang die Stimme von Cathy+ zu mir vor, und mit ihr die Anekdoten aus ihrem Leben. Sie hatte eine jugendliche Tochter, die ihren Ehrgeiz daransetzte, jedes kleine Ereignis in ein großes, systematisch auch ihre Mutter betreffendes Abenteuer zu verwandeln: eine Erstsemesterparty, die in ein Alkoholkoma im Krankenhaus Henri-Mondor mündete, eine Nacht auf der Polizeiwache oder ein Haushaltsunfall inklusive Feuerwehreinsatz. Ich konnte nicht umhin, eifersüchtig zu sein auf diese Lebensphase, in der man noch wie Comic-Helden lebt, ständig hinfallen und mit Sternchen in den Augen wieder aufstehen kann, doch wenn ich das fremdbestimmte, permanenten Zwängen ausgesetzte Leben von Cathy+ sah, erschien mir vor allem meine Kollegin heldenhaft.

Die Tage vergingen quälend langsam. Ich versuchte, es mir nicht zu verübeln, dass ich Cathy+ um Hilfe bitten musste, auch wenn ich spürte, wie ihr Verhalten sich veränderte: Nachdem sie gerade noch extrem herzlich gewesen war und mir euphorisch zugezwinkert oder ihre Arme tentakelartig auf meine Schultern gelegt hatte, konnte sie sich plötzlich verhärten, den Blick in sich kehren, den Mund zusammenkneifen und die Hände in ihre Kleidung vergraben wie ein Einsiedlerkrebs in seiner Muschel. Manchmal ging sie kurz weg und bat mich, für ein paar Minuten ihr Büro zu übernehmen, als sollte ich ausdrücklich ihre Abwesenheit bemerken, obwohl keine Nutzer warteten und Jean-Luc für ihr Telefon verantwortlich war.

Eines Tages, sie war gerade wieder verschwunden, beschloss ich, ihr zu folgen, und verließ mich darauf, dass der in den Gängen ausgelegte Teppichboden meine Schritte verschluckte. Sie war in einen winzigen, früher den Latrinen vorbehaltenen Raum geschlüpft, der jetzt als Ruheraum diente und dessen notdürftig zurechtgezimmerte Tür nie richtig schloss. Durch den Spalt sah ich, wie sie dasaß und aus ihrer Jackentasche eine Schachtel mit Tabletten zog, eine herausdrückte und schnell herunterschluckte, dann knarzte die Tür leise und ihr Blick begegnete meinem. Ich meinte, eine Woge des Entsetzens darin zu sehen. Sie blickte rasch um sich, wollte wohl wegrennen – wäre ich ihr doch nicht gefolgt –, und ihre Schultern krümmten sich unter der Gewissheit, die ich gerade gesehen hatte. Ich versicherte ihr, dass ich nichts sagen würde. »Niemandem«, betonte ich. Geheimnisse waren das, womit ich mich im Leben am besten auskannte. Sie überhörte mein Versprechen, ihre Lider fielen nach unten, und ihre Lippen sagten: »Weißt du, die wollen, dass ich ständig Einsatz zeige, aber ich bin immer noch nicht verbeamtet.«

»Verbeamtet« war ein Wort, das über sämtliche Münder der Kantine wanderte, leicht zu erkennen an der Vokalfolge, die mäandernden *es* und das *ea* veränderten die Gesichter und bildeten Hoffnungen und Karrieren ab. Ich sah ihr tief in die Augen, um sie meiner ganzen Unterstützung zu versichern, ihr Blick verdüsterte sich, sie verübelte es mir, dass ich sie so verletzlich gesehen hatte. Ich entschuldigte mich, sie stand auf, als wäre nichts gewesen, und wurde wieder zu Cathy+, mit fröhlichem Gesicht und einem versöhnlichen Mienenspiel, das bei jeder Gelegenheit eingesetzt werden konnte. Ich trat zur Seite, um sie vorbeizulassen, und sie ging schnell in ihr Büro zurück, provozierte mich mit ihrem beschwingten Gang und beschleunigte für den Rest des Tages ihr Arbeitstempo.

Ich legte mich verstärkt ins Zeug, um allen zu zeigen, wozu ich imstande war. Ich besiegte den Stapel der digital zu bewältigenden Akten, indem ich die Daten einspeiste, und überprüfte anschließend, dass sie korrekt gespeichert worden waren. Ich schlug sogar allen meinen Kollegen vor, auch ihre Akten zu bearbeiten, wenn sie es wünschten, da meine Konzentrationsfähigkeit überdurchschnittlich sei. Dabei hätten mir meine schadhaften Ohren geholfen. Cathy+ ließ ihre Lachmuskulatur in meiner Richtung spielen, aber es war ein blindes Lächeln, das nicht mehr sah, wem es zugedacht war.

Ich verließ das Rathaus mit dem merkwürdigen Gefühl, die Wirklichkeit nicht mehr entschlüsseln zu können. Im Dunkeln folgte ich den Wurzeln der durch den Asphalt brechenden Kastanienbäume, als ich ein Schaben hörte oder das, was ich für eine eiserne Schaufel auf dem Boden hielt. Danach nahm ich den Geruch von Alkohol oder Desinfektionsmittel wahr, um schließlich die Silhouette meines Soldaten, seines gebeugten Schattens zu erblicken. »Bist du da?«, fragte ich. Er antwortete so etwas wie »Das weiß ich selber nicht«. Das ärgerte mich, und ich dachte laut: »Wenn die Sprache endlich nicht mehr so rätselhaft wäre, käme mir das sehr gelegen.« Dann setzte ich mit sanfter Stimme hinzu, schließlich sollte er meine melancholische Anwandlung nicht ausbaden müssen: »Geht es dir gut?«

»Wie soll es mir schon gehen? Seit dreißig Tagen liege ich jetzt auf einem Feld aus Schnee und Blut.«

# 20.

Die beiden letzten Novemberwochen waren hart. Die Nacht begleitete mich auf meinem Weg zur Arbeit, abends wie morgens. Die Bushaltestelle befand sich am Boulevard, und um sie zu erreichen, musste ich bis zur Straßenecke vorgehen und dann in den breiten dunklen Gang dieser Verkehrsader einbiegen. Ich hatte das Gefühl, in einen Brunnen abzutauchen. Jedes Mal, genau an dieser Stelle, dachte ich an das Fehlen einer Verbindung zwischen Klang und Bedeutung: »Nacht« klang genauso dunkel wie »Tag«.

Bei der Arbeit hatte die Kälte die Stimme von Cathy+ eingefroren. Ihre Sätze waren Eisberge mit einzelnen herausragenden Wortgruppen; ihre Liebenswürdigkeit war mechanisch. Klang und Bedeutung hatten sich voneinander entkoppelt. Es gelang mir noch immer nicht, die Schlange der Nutzer zu bezähmen. Jedes vierte Mal verstand ich die Frage, jedes sechste Mal schickte ich den betreffenden Nutzer zu Cathy+ oder Jean-Luc, indem ich mein junges Aussehen nutzte, um als mäßig kompetente Praktikantin durchzugehen.

Zwischen Weihnachten und Neujahr, zwischen Annas selbstgestrickte Löcherpullis und die Tannenbaumgirlanden, von denen ich mir bei meiner Mutter fast einen

Stromschlag geholt hätte, fiel die Ankündigung der Regierung, dass die Zahl der Beamten reduziert werden solle. Daraufhin hielt Anfang Januar das Buch *Sehnenscheidenentzündung. Ein Leitfaden für die Diagnose von Muskulatur- und Skelettschädigungen infolge monotoner Wiederholungstätigkeiten am Arbeitsplatz* Einzug in unsere Abteilung. Cathy+ schrieb es sich auf die Fahnen und ersuchte die Geschäftsführung um ergonomische Mousepads: Wir bekamen allerdings nur Kugelschreiber mit rutschfestem Griffprofil. Die Betriebsratswahlen rückten näher, die Spannung zwischen Jean-Luc und Cathy+, die zwei verschiedenen Gewerkschaften angehörten, war greifbar. Es begann das Gerücht umzugehen, dass in der Abteilung eine Stelle gestrichen werden solle. Man musste nicht hören können, um das Gerücht zu spüren. Es erschienen die immer gleichen Wörter auf sämtlichen Mündern, zunächst gemurmelt, dann deutlich artikuliert. »Das sind doch alles nur kleine Übel, häusliche Dornen«, kommentierte Anna und verdrehte die Augen zum Himmel, wenn ich von meinem Alltag erzählte.

## 21.

Dann kündigte das Rathaus eine Umstrukturierung an, die nach den Feiertagen, Mitte Januar, greifen sollte. Die Kollegen beäugten mich noch argwöhnischer. Möglicherweise stellten sie sich vor, dass die Personalabteilung mich wegen meines Behindertenstatus behalten würde, dass ich ihnen ihre Zukunft stahl – obwohl ich doch gerade erst angekommen war. Ich wusste nicht, wie ich sie beruhigen konnte.

Ich dachte wieder an das, was der Logopäde gesagt hatte: »Du bist nicht die einzige Hörbeeinträchtigte am Arbeitsplatz, das ist sehr kompliziert. Es gibt sogar Unternehmen, die sich weigern, sie einzustellen.« Ich war noch nie Schwerhörigen begegnet, die Tatsache, dass ich die Wirklichkeit leugnete, hatte für mich diese Verbindung gekappt.

»Du hast dich als Hörende konstruiert, aber du hast die gleichen Schwierigkeiten wie die Gehörlosen. Das nimmt keiner wahr, du befindest dich in einer unsichtbaren Randzone.«

»Ich würde aber gern andere Schwerhörige kennenlernen.«

Seither wartete ich darauf, dass er mir Kontakt zu anderen Schwerhörigen verschaffte.

Als ich Anna davon erzählte, fragte sie mich: »Was suchst du eigentlich?«

»Einen Teil von mir selbst.«

## 22.

Zur Feier des neuen Jahres hatte Anna einen kleinen Barabend mit Freundinnen organisiert. Ich setzte mich zu ihnen an den Tisch und bestellte etwas zu trinken. Ich war erleichtert, Anna zu sehen, aber gestresst von der Tischrunde; die eine versuchte schon, ein Gespräch mit mir aufzunehmen. Ich merkte es an den Blicken, die sie mir beharrlich zuwarf. Es war Pech, sie war die Einzige, die 1.) eine mittlere Stimmlage hatte (und damit ein Timbre, das in einem schwarzen Loch verschwand) und 2.) ein Artikulationsproblem. Mit Mühe gelang es mir zu verstehen, dass sie gerade eine Operation hinter sich hatte. Sicher hatte sie via Anna von meiner auditiven Odyssee erfahren. Nur das konnte erklären, dass sie sich trotz meiner Ausweichversuche darauf versteifte, Kontakt mit mir aufzunehmen. Wir mochten vielleicht ein gemeinsames Erlebnis teilen, aber ich hatte keine Lust, nach dem anstrengenden Tag im Rathaus wieder in diese schmerzliche Problematik abzutauchen oder mein Gehirn zu verrenken, um sie zu verstehen; ich wollte bloß ein Bier trinken und lachen, die Tatsache nutzen, dass in einer Bar irgendwann alle Gäste taub werden und sich die Gespräche zu fortgeschrittener Stunde auf fröhliche Lautmalereien beschränken.

Sie war offenbar anderer Meinung, und die Mittellage-mit-den-Artikulationsproblemen nutzte eine Raucherpause der anderen, um mir näherzukommen und in der Hoffnung auf ein aufmerksames Ohr ihren Kopf in mein Haar zu stecken. Ich zog den Kopf zurück und zwang sie, mich frontal anzusehen, bevor ich ihr erklärte, dass ich von den Lippen las, worauf sie als Antwort auf ihre Zahnspange deutete, damit ich verstand, dass damit wiederum sie Probleme hatte. Der Hund kippte ihr das Bier über den Rock. »Oh, das tut mir leid«, sagte ich. Eine finstere Lüge. Ich konnte kurz verschnaufen, während sie die Situation wieder in Ordnung brachte: Schon war der Rock abgetupft, und sie hielt ein neues Bier in der Hand.

Dieser Zwischenfall und meine wiederholten Versuche, ihr klarzumachen, dass ich kein Sterbenswörtchen von dem verstand, was sie mir sagte, zogen ihren Monolog nur noch weiter in die Länge. Mit Müh und Not gelang es mir zu kapieren, dass sie gerade alle Schwerhörigen, die sie kannte, aufzählte, angefangen bei ihrem Großvater, der sich lange geweigert habe, eine Prothese zu tragen.

Ich dachte, dass sie mir vermutlich gerade die Geschichten erzählte, die ich schon alle auswendig kannte: die Großmutter, die sich beschwert, weil der Großvater nichts mehr hört, die ruinierte Stimmung in der Familie, weil der Großvater alles abstreitet, und die wachsende Anspannung bei den gemeinsamen Mahlzeiten.

Ich schaltete mein Hörgerät aus, ich hatte es satt und antwortete nur noch mit einem gelangweilten Kopfnicken. Sie lachte. Bestimmt erzählte sie mir jetzt, wie ihr Großvater sich einmal getäuscht hatte und sein Hörgerät in das Glas für sein Gebiss gelegt hatte, oder, nein, so lauthals, wie sie lachte, schilderte sie wohl eher den

Moment, als die Putzfrau das Hörgerät in der angetrockneten Katzenkotze gefunden hatte.

Anna und die anderen waren schon seit einer Weile wieder zurück und begriffen an meinen unmissverständlichen Anzeichen von Verärgerung, dass unser Austausch zum Scheitern verurteilt war, die mittlere Stimmlage allerdings schien einen netten Abend zu verbringen. Als ich irgendwann ihre Speicheltröpfchen abbekam, sagte ich, dass ich wirklich überhaupt nichts verstünde und sie sich umsonst bemühte. Es gab keinen anderen Ausweg: Sie nahm es persönlich und verzog schmollend das Gesicht.

(Anna sagte lachend: »Manchmal bist du wirklich abscheulich, Louise.«)

# 23.

Es war mein vierter Monat, und mein Soldat, dem das Gelingen meiner Probezeit am Herzen lag, brachte dem Hund bei, zu bellen, sobald eine Wolke vorüberzog. Er war überzeugt, dass ich so auf die Lichtveränderungen vorbereitet wäre, um besser von den Lippen lesen zu können. Doch als ich an diesem Morgen vor dem Rathaus ankam, war der Hund verschwunden.

Es hatte sich bereits eine kleine Schlange gebildet, ich war als Erste von unserer Abteilung angekommen. Ich setzte mich hinter den Schreibtisch, während die Nutzer auf den Tresen zusteuerten.

»Guten Tag«, wandte ich mich dem Ersten zu.

»Ich konnte wegen der *us*, ich sollte die Urkunden. Anmelden.«

»Waren Sie bei der Geburt dabei?«

Seine Antwort entging mir, er wirkte genervt. Ich konnte nachvollziehen, dass diese Frage übergriffig erscheinen mochte. Manche waren schockiert, andere wiederum fassten sie als Einladung auf, von ihrer Erfahrung zu berichten, und blieben an meinem Tresen hängen, als wären sie in der Kneipe. Man musste nicht hören können, um zu verstehen, dass dabei alle die Geduld verloren.

Ich wollte ihm das vorausgefüllte Formular für die Geburtenanmeldung geben, aber es gab keine mehr. Dabei hatte gestern noch ein ganzes Paket auf meinem Schreibtisch gethront. Ohne die Formulare musste ich mir alles buchstabieren lassen, um die Daten in den Computer einspeisen zu können. Ich suchte nach Papier, damit die Nutzer ihre Angaben trotzdem aufschreiben konnten, aber alles war verschwunden oder umgeräumt worden. War das ein Komplott meiner Kollegen? Von Cathy+ angezettelt? Angesichts der ungeduldigen, immer länger werdenden Schlange hatte ich keine andere Wahl, als all die unmöglichen Namen direkt in den Computer zu tippen. Die roten Münder glichen Durchfahrtsverbotsschildern, die Zungen tanzten in der Horizontalen. Ich hörte nur das Bellen der Hunde zwischen den Wolken.

Ich entstellte gut hundert Vor- und Nachnamen und gebar unter den erbosten Blicken der Nutzer administrative Ungeheuer wie Paul Liene-Hart oder Béné Lope-Vega.

Als ich die Kollegen am späten Vormittag auffallend entspannt eintrudeln sah, vorneweg Cathy+, hatte ich das Gefühl, zum zweiten Mal eine Ohrfeige zu bekommen. Meine Wangen glühten vor Scham, durch meinen Körper liefen nervöse Zuckungen. Und jedes Mal, wenn Cathy+ lächelte, Hallo sagte oder Guten Appetit wünschte, spürte ich die Ohrfeige aufs Neue schallen und brennen.

## 24.

Völlig zerschlagen von meinem Tag traf ich bei meinem Logopäden ein und suchte Trost im Grün der Wartezimmerwände. »Du gibst schon bei der kleinsten Schwierigkeit auf«, hatte Anna mir einmal in Bezug auf das Leugnen meiner Gehörlosigkeit gesagt.

Kaum saß ich in der Praxis, brach es aus mir heraus: »Warum wollte ich das nur um jeden Preis verheimlichen, und warum haben alle bei dieser Komödie mitgemacht?«

»Weil alle nach der Norm streben. Du hast gut genug gehört, um es zu verbergen, und das war auch für die anderen bequem. Jetzt aber, wo du nicht mehr mittelgradig, sondern hochgradig betroffen bist, kannst du nicht mehr mogeln. Aber du kannst trainieren, mit geschlossenen Augen, also nur nach dem Gehör, männliche und weibliche Stimmen zu unterscheiden, Kinderstimmen etc. Mit ein bisschen Übung wird dein Gehirn die Alltagsszenen aus der umgebenden Geräuschkulisse herausfiltern können. Du kannst die Klänge auch protokollieren, um sie dir besser zu merken. Dann hast du vielleicht das Gefühl, die Dinge wieder in der *Hand* zu haben.«

Ich fand diese Formulierung für jemanden wie mich, die sich gerade der Gebärdensprache näherte, ausgesprochen sarkastisch.

## 25.

Im Bus, der mich nach Hause brachte, versuchte ich, aus den Hintergrundgeräuschen mit Reifenquietschen, Brummen und Hupen, das Zwitschern der Stimmen herauszuhören. Ich lenkte meine ganze Aufmerksamkeit auf diese gelegentlichen Durchbrüche, die Bedeutungsschneisen. Hohe Ausschläge durchkreuzten das dumpfe Dröhnen. Rings um ein Klangmuster, das ich aus rhythmischen Gründen für einen Dialog hielt, schlug ich mit der Machete alles andere weg. Dann zoomte mein Ohr auf diese Zone. Das Dröhnen war verstummt, übrig blieb das hohe Stakkato, das sich mit kehligeren Klangphasen abwechselte. Ich hatte mir sagen lassen, dass ich anhand der hohen Töne die Konsonanten erfassen könne: Sie sind es, die den Wörtern Kontur verleihen und sie stützen wie Spalierstangen, während die Vokale sich an den Stängeln emporranken. Der Grundton, der singende Rhythmus suggerierten mir eine Frauenstimme. Im nächsten Schritt musste ich ihr Alter bestimmen. Es war keine Teenagerstimme, dafür klang sie mir zu ausgewogen. Das Dröhnen hatte wieder eingesetzt, vermutlich antwortete dieser Frau mittleren Alters gerade ein Kaminschacht in einer stürmischen Nacht. Ich tippte auf kurze, zögerlich unterbrochene zweisilbige Wörter. Ein schriller Schrei entschlüpfte ihrem Mund, die Busreifen quietschten, ich drehte mich um und sah ihnen nach: eine etwa fünfzigjährige Frau, die einen zerknitterten alten Mann begleitete. Meine Diagnose stimmte. Ich fand Gefallen an diesem Spiel, ich lernte, die Brennschärfe einzustellen, die urbane Klanglandschaft zu bewohnen.

Anna rief mich an, ich antwortete nicht, zog mich lieber feige zurück. Dennoch hörte ich ihre konfuse Nachricht ab, in der sie mir erklärte, wie sie bemerkt hatte, dass sie nur noch von zweisilbigen Wörtern träumte, alle anderen seien verschwunden. Sie erlebe das als seelische Verengung. Ich hatte kein Ohr dafür. Es warf mich wieder auf meinen Mangel zurück, auf das hartnäckige Gefühl, dass meine defekten Ohren einem lebenswichtigen Trichter glichen, in dem das Leben erstickte. Ja, Anna, *meine* Seele fühlte sich verengt, sie schwamm in Formalin.

Da erinnerte ich mich an den folgenden Satz von Victor Hugo: »Was bedeutet schon die Taubheit des Ohrs, wenn der Verstand hört? Die einzige Taubheit, die wahre Taubheit, die unheilbare Taubheit ist die des Geistes.« Weder er noch Anna vermochten mich zu trösten.

Nachts, in der Schwärze der Stille, hielten der Soldat und der Hund an meinem Fußende Wache. Die Angst ließ mich in der Senkrechten verharren, den Blick auf den Horizont gerichtet: unser sorgenvolles Dreigespann, weit aufgesperrte Augenhöhlen, ins Dunkel klaffende Mäuler.

Allein das Lesen konnte die Angst vor dem Verschwinden besänftigen – das Sehen intakter, greifbarer, eingefärbter Wörter.

## 26.

Die Laken hoben sich mit dem Tageslicht, brachten die Erinnerungen an den Vortag zum Vorschein, die unauffindbaren Formulare, all die Pauls und Sauls, die Basiles oder Patricks, all die entstellten Vornamen und das triumphierende Lächeln von Cathy+. In einer Ecke des Zimmers kaute der Soldat Papier. Die Angst vor dem Verlust packte mich erneut, dann aber die Dringlichkeit, zu bewahren, die verbliebenen Klänge zu *archivieren*. Angefangen bei dem Hagel, im Wohnzimmer gehört. Ich protokollierte:

Wohnung
Lateinischer Name: *salvete*
Gebrauchsname: Hagel
Breitengrad: 48.866667
Längengrad: 2.333333
Eine Lawine aus Milchzähnen.

# 27.

10. Januar. Tag der Vorladung. Das Ereignis der letzten Woche war der Geschäftsführung zu Ohren gekommen, man hatte mich zu einer Klarstellung einberufen. An jenem Morgen registrierte ich auf dem Weg die Geräusche der unerträglich wummernden Motorräder, die Kurven eines Schleifgeräts, die Basslinie der Verkehrsstaus, die ich mit der Flut verwechselte. Als ich das Rathaus durch die Glastür betrat, spürte ich, wie sich die Luft veränderte, stickig wurde, wie die Schallschwingungen sich selbst verschluckten. Ich hatte das Gefühl, in eine feuchte Grotte einzudringen, ein Hydrophon zu sein, abgetaucht auf einen Unterwasser-Everest, der 10 000 Meter in die Tiefe des Ozeans reichte, beim Empfangstresen Walfischrufe, in der Nähe des Kopierraums Schiffsturbinen und andere rätselhafte Geräusche in den Gängen zu hören: tektonische Reibungen, Keuchen, Seufzer.

»(*Seufzer*) Gutach nemensiepla.«

Die Personalchefin wies von ihrem Schreibtisch aus auf einen Stuhl. Ich vergewisserte mich, dass sie nicht eher auf eine litauische Bergkette deutete, setzte mich leicht außer Atem hin.

»Wir haben Wind von schweren Haien bekommen (*Geplapper*).«

Im Türrahmen erschien ein Kopf, und meine Gesprächspartnerin wechselte mit dem Schädel Informationen, die ich unmöglich erfassen konnte, als unter die Erde katapultiertes Unterwasserhydrophon.

Schon bald hielt sie mir einen Vertrag hin, auf dem ich las »Posten: Digitalisierung, Gehaltsstufe N8, Abteilung Sterbedaten.«

Anschließend führte man mich in das Untergeschoss, versenkte mich noch tiefer unter die Erde. Mit dem neuen Vertrag in der Hand als Obolus war mir, als wechselte ich auf die andere Seite der Welt; das schwache Licht ließ das Labyrinth der Zementgänge aussehen wie Korallen. Stumm akzeptierte ich mein Schicksal.

## 28.

Ich hatte ein halbes Jahr Zeit, um 783 954 Sterbeurkunden zu digitalisieren, angefangen bei denen aus dem Jahr 1914, da noch immer 100 000 Soldatenkörper in den Schlachtfeldern ruhten. Von Zeit zu Zeit wurden Gebeine mit den dazugehörigen Erkennungsmarken ausgegraben, und wir sollten endlich, über ein Jahrhundert später, attestieren, dass diese Männer tot waren. Manche der damaligen Sterbeurkunden waren den staatlichen Archiven entgangen. Ich hatte Pergamente mit den abstrusesten Aufschriften vor mir: »Der Tod stellt die stärkste Form der Dienstunfähigkeit dar«, oder: »Protokoll des erfolgten Ablebens«.

Es war mir nur recht, im Untergeschoss zu sitzen. So lief ich wenigstens Cathy+ und den anderen nicht mehr über den Weg. Ich konnte die Kantine vermeiden und mich von belegten Brötchen und Staub ernähren. Weniger recht war mir, dass meine Probezeit wieder bei null begann, weil ich eine neue Stelle antrat.

Ich fühlte mich betrogen. Als ich Anna davon erzählte, erwiderte sie, es sei bequemer, betrogen zu werden als selbst jemanden zu betrügen.

Jemand sagte etwas zu mir, ich sah zu den Lippen auf. Er bat mich um eine weniger als drei Monate alte Sterbeurkunde. Da seine Frau aber bereits drei Jahre zuvor verstorben war, gab es kein weniger als drei Monate altes Dokument. Ratlos erklärte der Mann mir, dass er sich ohne dieses Dokument nicht neu verheiraten konnte. Ich rief meine Kollegen an, vergeblich. Der Mann zitterte vor Wut. Ich notierte mir seine Kontaktdaten und begleitete ihn bis ans Ende des Flurs, wobei ich mir im Vorbeigehen die Haut an den Wänden aufschürfte. Ich bellte vor Schmerz, Cerberus an den Toren zur Hölle.

Ich beschloss meinen Tag, nachdem ich etwa hundert Sterbeurkunden F/A/45/879/E ohne Kantine oder Pause eingespeist hatte, und stieg wieder hinauf an die Erdoberfläche.

Es regnete in der Nacht, was ich dazu nutzte, um mich ganz auf die Geräusche der Schritte zu konzentrieren und mit geschlossenen Augen die jeweilige Absatzhöhe zu erraten. Ich legte eine (leere) kleine Tabelle an:

| | | |
|---|---|---|
| Absätze < 3 cm | | |
| Absätze 3 bis 5 cm | | |
| Absätze > 5 cm | | |

Als ich den Umkreis betreten hatte, wo jeder Gehweg nach zuhause schmeckt und das Licht der Straßenlaternen auf dem Asphalt an die eigene Nachttischlampe erinnert, traf ich meinen Nachbarn, an dem sogar der Atem, eine Mischung aus gedünstetem Chicoree und Pall Mall, nach Beunruhigung roch. Er fragte: »Bist du sicher, dass alles in Ordnung ist?«, und erklärte mir angesichts meiner unbeteiligten Miene, dass ich mich in letzter Zeit merkwürdig verhalte. Er habe nicht umhingekonnt, mich zu beobachten – ich hatte keine Ahnung, dass er von seinem Wohnzimmerfenster aus in meine Zweizimmerwohnung gucken konnte –, und mich dabei ertappt, wie ich Selbstgespräche führte, unruhig hin und her lief, mich auf dem Sofa einigelte, die Lichter zu jeder beliebigen Tages- und Nachtzeit anließ und manchmal mit irgendwelchen Geschossen um mich warf, die mitten in der Luft zerplatzten; irgendwann habe er sich gefragt, ob er nicht die Feuerwehr alarmieren solle.

Was mischte er sich da eigentlich ein? Ich ließ ihn stehen, murmelte etwas vor mich hin und notierte folgendes in meinem Klangherbarium:

Lateinischer Name: *siren siphonarius*
Gebrauchsname: Martinshorn
Breitengrad: 48.866667
Längengrad: 2.333333
Obertongesang von Robben im Roten Meer.

## 29.

Ich brauchte meine wöchentlichen Treffen mit Anna. Wenn der Moment gekommen war, öffnete sie mir weit die Tür und dann ihre Arme, in denen ich, meine Müdigkeit übertreibend, zusammensackte.

»Du riechst irgendwie muffig«, sagte Anna lachend.

Bestimmt der Geruch nach dem Untergeschoss. So wie andere, die mit Fischen in Berührung sind, nach Meer riechen. Ich glaube eher, ich stank nach Einsamkeit.

Im Wohnzimmer, Thomas. Seit der Party hatte ich ihn nicht wiedergesehen.

Anna zwinkerte mir zu und nahm meine Hand, um mich mitzuziehen. Thomas gab mir einen Begrüßungskuss, ich hörte seine Stimme nicht, aber ein Geruch nach Mund, ein Hauch von Koriander ließen mich vermuten, dass er seinen geöffnet hatte. Mit zugeschnürter Kehle antwortete ich »Hallo«. Ich redete, um den Raum zu beschlagnahmen, um nicht zuhören zu müssen. Ich erläuterte die nicht enden wollende Erfassung unserer Leben durch unsere Vernetzungen mit den verschiedensten Institutionen, vom Kindergarten bis zur Schule, vom Krankenhaus bis zum Finanzamt. Ich erläuterte die Notwendigkeit der Archive, weil das Papier wegen des Lignins im Holz, das es vergilben lässt und irgendwann bräunlich färbt, zerfalle. Dann beendete ich meinen Monolog über die Bedeutung von Archiven in Konfliktsituationen, indem ich schilderte, wie sich Napoleon die Archive der Päpste, Hitler die seiner Feinde und Stalin die der Nazis unter den Nagel gerissen hatte.

Thomas öffnete den Mund, er hatte sich rasiert, obwohl man sehen konnte, was alles Schwarzes unter seiner Haut wuchs. Die schalkhaften Fältchen um seine Lippen waren mir beim ersten Mal gar nicht aufgefallen. Ich misstraute ihm so sehr, dass ich ihn nicht hörte, mein ganzes Wesen hatte sich in eine schalldichte Sicherheitszelle verwandelt. Um das Gesicht zu wahren, versenkte ich mich in seine Augen, sie waren eigenartig. Es war das Einzige, was aus dem Rahmen fiel: seine großen grauen Augen hatten noch immer die undefinierbare Gewitterabendfärbung wie bei Säuglingen. Während Thomas nach wie vor den Mund aufhatte, beobachtete ich seine Selbstsicherheit, er schien sich allen Situationen anpassen zu können. Ich suchte nach etwas, was ihn authentisch machte. Wenn er mit seinen von feinen Muskeln durchzogenen Armen die Luft teilte, bemerkte ich ein leichtes Zurückweichen des Körpers, eine fast unmerkliche Abwesenheit, als wäre er hinter seiner männlichen Statur kaum mehr als ein Vogel. Ich glaube, ich mochte es, dass er so umwerfend normal war und gleichzeitig bereit, hochzuschnellen und zu verschwinden.

Noch nie hatte ich einen so banalen Augenblick ohne jede Frage erlebt. Es kam mir vor, als befänden wir uns einfach mitten im Licht, mitten am Tag, mitten in der Woche.

Dann spitzte sich sein Mund langsam zu, wie es volle Lippen nach einem Fragezeichen manchmal machten.

Anna antwortete für mich: Nein, ich arbeitete nicht im Archiv, hätte aber eine Digitalisierungsmission in Zusammenarbeit mit den staatlichen Archiven, um sie zu *entlasten*.

Genau das traf es, Thomas' Mund war *entlastet*, leer. Seine mittlere Stimmlage war ein notdürftiges Gebläse, die Sprache nahm gelegentlich den umgekehrten Weg und kroch in die Kehle zurück, um unsichtbare Wörter einzuhauchen.

Anna war verschwunden, um in der Küche zu werkeln, Thomas und ich blieben etwas verlegen zurück. Ich glaube, dass Anna ihn in meiner Abwesenheit ins Bild gesetzt hatte, denn Thomas verlangsamte alle Bewegungen, als hätte er einen Astronauten vor sich. Unsere Gesten hingen in der Schwebe, sogar das Schlagen seiner Wimpern war langsamer geworden. Die mittleren waren länger als die anderen, bildeten eine Spitze, wie ein Vogelschnabel.

In dieser Schwerelosigkeit entspann sich eine Vertrautheit, die auf die Erinnerungen an die kollektive Liebesnacht am Ende einer S-Bahn-Linie zurückging. Ein unsichtbares, aus den wach werdenden Liebkosungen gewebtes Band zog unsere lachenden Augen nach oben. Das Band ließ uns der Lust entgegentaumeln, doch langsam, weil Anna jeden Moment zurückkommen konnte, lockerte es sich wieder, spulten sich die Erinnerungen zurück, und seine grauen Augen blinzelten ein letztes Mal wie ein schwarzes Ausblenden, das eine neue Szene ankündigt.

Anna kam mit kleinen Bockwürstchen herein und erläuterte uns die Manipulation von Lebewesen oder vielmehr, dass es besser sei, sie nicht zu manipulieren. Damit war außer Ketchup und Würstchen jetzt auch das große

Thema Massentierhaltung auf dem Tisch. In letzter Zeit war es bei Anna so präsent, dass ich sie im Verdacht hatte, vor Videos mit Freiluftküken zu masturbieren.

Das Gute daran war, dass Anna damit den ganzen akustischen Raum beschlagnahmte, ich konnte mich mit Thomas' »ja«, »nein« und »das stimmt« vertraut machen, hatte sogar ein »und ob« von seiner Stimme ausmachen können. Ich registrierte so seine Satzmelodien, seine Stimme, die sanft zu mir vordrang. In Annas winzigem, ruhigem Wohnzimmer prallten die Wörter von den weißen Kissen ab, um mühsam, aber sicher in meine Ohren zu gelangen.

Das Vertrauen war ein Kanal, eine Tränke, in die sich Thomas' mittlere Stimmlage ergoss. Manchmal nahm er sich sogar Zeit, gar nichts zu sagen, mit Modulationen der Stimme, einem Vibrato, das an ein Blasinstrument erinnerte.

Ich hörte Annas abenteuerliche Denkschleifen:

»Eigentlich müsste man für alles wieder Götter einführen, dann bekämen die Dinge Sinn, *zwangsläufig*. (Anna liebte den Gebrauch von Adverbien, ebenso wie sie erläuternde Einschübe mit einem *nota bene* oder einem *siehe* einflocht, die auf ihren Lippen wie marokkanische Anordnungen klangen.)

Als Anna mir eine japanische Teetasse mit einer brackigen Flüssigkeit und einigen an der Oberfläche schwimmenden Larven reichte, machte ich sie darauf aufmerksam, dass ihr Tee voller Würmer sei; beide ließen ein Gackern verlauten, das gemeinhin als Lachen bezeichnet wird. Ich begleitete sie mit meinem stummen Lachen. »Das ist doch gerösteter Reis«, und sie schauten mich an, als wäre ich ein Kind.

Angesichts meiner großen Augen, die das Pingpong der Unterhaltung einzufangen versuchten, hatte ich schon oft diesen liebevollen Blick zu spüren bekommen. Im Allgemeinen folgte ihm ein leicht verunsicherter Blick, der bei den anderen Sprechern nach der Antwort auf die Frage suchte: Ist sie Ausländerin?

## 30.

Ausländerin, die war ich. Eine Sprachentwurzelte. Wenn Anna ihre Phase hatte, in der sie bei jeder Gelegenheit ein *arrivederci, baci* oder *tutto bene* fallen ließ und ihre Italienliebe hervorkramte, weil sie mütterlicherseits angeblich vage von dort stammte und ebenso vage Erinnerungen an ihren Italienischunterricht hatte – ich glaube vor allem, dass sie sich in ein sonniges Italien träumte, mit sengender Hitze über den Dörfern, durch die das ferne, langgezogene Wehgeschrei der Klageweiber schallte –, wenn sie mir mit der Hand auf dem Herzen gestand, »das Italienische fehlt mir so«, dann wurde mir klar, dass mir wiederum das Französische fehlte.

Ich wusste nicht, wie beruhigend es war, sich in dem sanften Surren einer bekannten, in der Menge widerhallenden Sprache zu wiegen; wie viel Kraft es gab, sich, umgeben von Unbekannten, zuhause zu fühlen. Auf der Straße, mitten im Getümmel, wirkte die französische Sprache auf mich eher wie das Gegacker von Batteriehühnern. Als Kind muss ich völlig gerupft gewesen sein, entblößt zwischen stammelnden, sabbernden Küken mit blutigen Nasen.

Ich habe keine Erinnerung daran.

Ja, ich habe überhaupt keine Erinnerung an Wörter

oder Satzmelodien vor meiner Hörgerätzeit, sprich, bis zu meinem fünften Lebensjahr. Hatte die Welt damals keine klanglichen Konturen? Als ich weitersuchte, merkte ich, dass ich im Grunde gar keine Erinnerungen hatte.

Konnte man das Gedächtnis nur durch Klang aktivieren?

# 31.

Anna ließ mich wissen, dass ich Thomas gefiel: »Bei dir fühlt er sich, als würde er im Meer baden.« Ich verstand nicht. Ich dachte, Thomas sei vor allem geschmeichelt, dass ich von *seinen* Lippen las. Ich musste aussehen wie einer dieser Lemuren, die Anna in Thoiry fotografiert und dann sorgsam an die Wand gepinnt hatte, vor der ich die beiden mit Schrecken hatte schwärmen sehen. Ich hasste diese Wand bei Anna, dermaßen sogar, dass ich sie als Wand der Schande bezeichnete: Landschaften aus Chamonix konkurrierten hier mit dem Kalender der nackten Rugby-Nationalmannschaft, Schwarz-weiß-Bildern aus dem Fotoautomaten, Sätzen von Hundepunks, ein paar vereinzelten Fotos ihrer Großmutter aus den 70er-Jahren.

»Du gefällst ihm sogar sehr«, Anna beharrte darauf, ich glaube, sie ermaß nicht, wie sehr ich Angst hatte.

»Vor was hast du Angst?«

»In meinem zerbrechlichen Zustand gesehen zu werden.«

»Im Gegenteil, ein bisschen Bleisand würde dir guttun.«

*Bleisand*, selbst Annas Stimme verzerrte sich, wurde von dem wörterfressenden Ungeheuer der Stille aufgesaugt.

»Ich würde wohl eher jemanden mit in meinen Untergang ziehen.«

»Louise, du täuschst dich, das ist eine Wiedergeburt.«

Langsam hatte ich die Einwürfe der anderen satt. Sie wussten offenbar besser als ich, wie ich mit meinem Fall umgehen oder nicht umgehen sollte.

Vor Wut schossen mir Tränen in die Augen, unter Annas zerknirschtem Blick schluchzte ich lautlos.

Sie reichte mir einen Zettel, auf den sie Folgendes geschrieben hatte:

$$\begin{pmatrix} x_{1t} \\ \vdots \\ x_{nt} \end{pmatrix} = \begin{pmatrix} \mu_1 \\ \vdots \\ \mu_1 \end{pmatrix} + \sum_{i=1}^{p} \begin{pmatrix} \varphi_{11} & \cdots & \varphi_{1n} \\ \vdots & \ddots & \vdots \\ \varphi_{n1} & \cdots & \varphi_{nn} \end{pmatrix} \begin{pmatrix} x_{1,t-k} \\ \vdots \\ x_{n,t-k} \end{pmatrix} + \begin{pmatrix} \varepsilon_{1t} \\ \vdots \\ \varepsilon_{nt} \end{pmatrix}$$

$$\rightarrow X_{t+h} = m + \sum_{k=0}^{\infty} C_k \varepsilon_{t+h-k}$$

Ich sah sie ratlos an.

Auf einem anderen Blatt setzte sie ihre Beweisführung fort:

$$L_t = L_{t-1} + \varepsilon_t$$

$$L_t = \sum_{i=0}^{t} \varepsilon_t + L_0$$

$$\frac{\partial L_t}{\partial \varepsilon_t} = \frac{\partial L_t}{\partial \varepsilon_0}$$

»Guck, L, das bist du, Louise, t, das ist die Zeit (ihre fleischige Zunge lugte zwischen den Zähnen hervor, lispelte

Anna etwa?). Also, die heutige Louise entspricht der Louise der Zeit minus eins, das heißt, der gestrigen Louise plus der Gesamtheit aller Zeiten, die du durchlaufen hast (Anna sah mich eindringlich an, wahrscheinlich um zu sehen, ob ich das Spektrum ihres Wissens auch entsprechend würdigte), was besagt (Annas Zeigefinger deutete auf die zweite Zeile der Gleichung), dass du alles bist, was dir seit deiner Geburt widerfahren ist. Diese zufällige Irrfahrt ist ein stochastischer Prozess, kein stationärer.«

»Na gut, Anna, und was hat dieser masochistische nichtstationäre Prozess mit mir zu tun?«

Anna, ganz mit ihrer Intelligenz beschäftigt, ging nicht auf meine Frage ein. Wieder schaute sie mir tief in die Augen und riss ihre Lider übertrieben auf, damit ich im weiten Ozean ihres Wissens abtrieb.

»Nun! Diese Gleichung beweist, dass das, was dir vor langer Zeit widerfahren ist, die gleichen Auswirkungen hat wie die gestrigen Ereignisse. Du bist die Summe dessen, was dir in deinem Leben widerfahren ist.«

»Und?«

»Das, was du als Hörende gewesen bist, ist genauso wichtig wie das Verlustereignis. Die Entität ›Louise‹ setzt sich aus derjenigen zusammen, die du vor dem Verlust warst, und aus dem, was du jetzt bist. An der Entität ›Louise‹ hat sich nichts geändert. Der Verlust ist keine Subtraktion deines Wesens. Thomas hat Glück, dass er dich jetzt kennenlernt.«

Sie sah mich an, stolz auf sich selbst, stolz darauf, die Freundin mit einem derart breiten Wissen zu sein, und die Freundin, die zu allem bereit war, um meine Stimmung zu heben. Was mir irgendwann doch noch ein Lächeln entlockte.

Annas Theorie hatte es immerhin fertiggebracht, meine Verdrossenheit aufzuhellen und ihre Membran zu durchstoßen, damit ich einen Blick auf ein Anderswo erhaschen konnte.

## 32.

Thomas war Mobilitätsberater, ich konnte mir darunter zwar nichts vorstellen, hatte mir aber das Kultwort seiner Branche gemerkt: »Territorium«. Wenn es nach ihm ging, gehörten wir einem Klumpen Erde an, der sich in den Randregionen des Kosmos befand, und unser Planet war eine Zone aus Netzwerken und Zusammenhängen, die es zu stabilisieren galt.

Abgesehen von diesem Schlüsselwort habe ich mir nicht viel gemerkt.

Wenn ich ihn in der Menge beobachtete, hatte ich das Gefühl, zu erahnen, was ich hätte sein sollen, wenn ich nicht die gewesen wäre, die ich war; oder die, die ich sein könnte, wenn mir das Implantat ermöglichen würde, normal zu werden.

Ich habe gesehen, wie er:

– gleichzeitig mit den anderen den Kopf zu einer Ereigniszone wandte;
– aufschaute, wenn ein Flugzeug am Himmel zu sehen war;
– den Gesprächen in öffentlichen Verkehrsmitteln lauschte;
– rechtzeitig, dabei immer ein höfliches Lächeln auf den Lippen, auf die zahlreichen Reize der Straße reagierte.

Ich hatte das Gefühl, dass ich mich hinter ihm verstecken konnte, dass er alle meine Ungeschicklichkeiten auslöschen würde.

Wenn ich ihm zusah, schien mir das Lebenkönnen angeboren zu sein. Zum ersten Mal spürte ich an meiner Haut diese Einfachheit. (Einmal versuchte ich, ihm das zu erklären, dieses Nichts, das er mir mitgab, wie jener Kippmoment kurz vor dem Einschlafen, der beim Erwachen schon wieder vergessen ist, und er erwiderte verletzt: Eigentlich müsstest du genau das Gegenteil empfinden.)

Doch wusste er, wenn er mir von Mobilität erzählte, wie wenig mobil ich tatsächlich war?

Wenn er vom Territorium sprach, wie sehr mir der Boden unter den Füßen fehlte?

Wenn er mich fragte: »Magst du frische Forellen?«

Und ich sagte: »Was?«

Und er: »Magst du Fische vor allem?«

Und ich wiederholte: »Was?«

Und er: »Magst du Wiese und viele vor stellen?« – wusste er dann, dass es mir leidtat, keinen Sprengstoffgürtel zu haben, weil ich mich sehr, sehr gern vor seinen Augen in die Luft gejagt hätte?

## 33.

Im Wartezimmer des Logopäden stapelten sich Zeitschriften in grellen Farben, *Die Gehörlosenzeitschrift*, *Besser hören*, *Hergehört*, *Taubenschlag*, wobei die mit den meisten Eselsohren tapfer in der Mitte des Wartezimmertischs verharrten. Ich schnappte mir *Die Gehörlosenzeitschrift* von dem Stapel, ein Magazin, das sich mit Forschungen über Tinnitus und einen plötzlichen Hörverlust nach sich ziehenden genetischen Krankheiten befasste. Ich las ein paar ansprechende Berichte von Jugendlichen und älteren Personen, die den Lesern rieten, ihre Behandlung gut abzuwägen und sich vor allem psychologische Unterstützung zu suchen.

Schon bald tauschte ich das Blatt gegen *Taubenschlag* aus, die Zeitschrift für gänzlich Taube, fühlte mich aber sofort beobachtet. Als ich aufsah, bemerkte ich einen etwa dreißigjährigen Mann, den ich nicht hatte hereinkommen hören und der mir jetzt, auf der anderen Seite von *30 Millionen Gehörlose*, gegenübersaß. Er wich schnell meinem Blick aus. Ich beobachtete ihn: Trug er ein Implantat? Ein Hörgerät? Eines oder zwei? Unter den dichten blonden Locken war nichts zu entdecken. Ich kniff die Augen zusammen, um, in der Hoffnung auf eine Bewegung seinerseits, den Zoom zu aktivieren, aber er rührte sich nicht und starrte zwischen seine Füße, dann hob er den Kopf, während ich wieder nach unten guckte und mich in »Hörgeschädigte auf der Landesgartenschau. Ein Erlebnisbericht« vertiefte, ohne mir etwas entgehen zu lassen: Sein eindringlicher Blick wanderte aufmerksam über mein offenes Haar.

Schritte traten in mein Blickfeld, ich richtete mich auf und bedachte eine junge Mutter mit einem »Guten Tag«, die schlank und leicht vornübergebeugt einen Säugling mit Implantat im Arm hielt. Mein Gegenüber grüßte nicht, sondern starrte weiterhin auf die Stelle zwischen seinen Füßen. Ich spürte, wie sein Interesse an mir schwand, wie sich die ganze Anspannung verflüchtigte, er hob den Blick nicht mehr, als hätte er gefunden, wonach er suchte. Sicher hatte er meinen Grad der Schwerhörigkeit erkannt. Ich wollte Kontakt zu ihm aufnehmen, aber er ignorierte mich, bis der Logopäde die Tür öffnete. Ein Luftzug fuhr in unsere Haare, ich sah ein kurzes Aufblitzen, womöglich den Draht des Hörgeräts. Der Arzt begrüßte den Mann, er gab keine Antwort, ein verlegenes Lächeln, eine leichte Rötung auf der Wange, dann erhob er sich flink wie ein Insekt und warf mir einen letzten Blick zu, bevor sich die Tür hinter seinen das Geheimnis hütenden Locken schloss.

Ich grübelte weiter in meiner Verstörung, ich hatte an meinem Gegenüber die gleiche Schüchternheit und die gleichen Vermeidungsstrategien wahrgenommen, die ich bei den Hörenden anwandte, und ich entdeckte, dass ich selbst diese autistische Verlegenheit bei anderen Schwerhörigen auslösen konnte. Demnach war ich weniger schwerhörig als er, hatte er das an meiner Stimme erkannt? Ich suchte nach meinesgleichen, wir suchten alle nach unseresgleichen, und er war es nicht und ich war es nicht.

An dem Säugling wirkte das Implantat viel zu groß für sein zartes Ohr, und der in seinem Schädel steckende Stöpsel stach von seinem flaumigen Haar ab. Sein Schicksal entschied sich hier, in gewisser Weise war sein Leben schon mit einem Implantat vorgezeichnet, er wäre nicht ich, und er wäre nicht der andere, er wäre ein Implantat-Träger, und er würde die umgekehrte Reise zurücklegen wie ich: Er würde in den Klang eingehen, ich aber in die Stille.

# 34.

Auf dem Weg zur Arbeit schnitt mir die Hundeleine in die Hände und zog mich in die dem Rathaus entgegengesetzte Richtung, vielleicht den weiten Feldern mit Raps, Mais, Weizen und Zuckerrüben entgegen, die die Nationalstraße 4 jenseits der Ringstraße gen Osten säumten. Das Gebell meines Hundes übertönte die Motorengeräusche, weshalb ich zweimal fast angefahren worden wäre, der Soldat zündete mechanisch immer wieder seinen Zigarettenstummel an und beobachtete die Stadt, glotzte ungeniert auf die Hintern in den engen Jeans der Passantinnen und blieb vor den Auslagen von *Vape me up* oder *E-Ziggy* stehen.

Es war ein Kampf, mit den beiden pünktlich anzukommen; an der Kreuzung, auf halbem Weg zum Rathaus erregte im morgendlichen Getümmel ein Schild meine Aufmerksamkeit:

*Nils Oyat, Spezialist für Heterogenese, Termin nach Vereinbarung*

Ich machte ein Foto, um es Anna zu schicken, und kämpfte mich weiter durch bis zum Rathaus. Ich traf auf die Minute genau pünktlich ein, schweißgebadet, nachdem ich zehn Minuten gewartet hatte, bis der Soldat durch die

Sicherheitskontrolle am Eingang gelangt und seine alten Patronen, dum dum, alle losgeworden war – die besonders grausamen, die in der Wunde des Feindes erblühten und die der Soldat wie Reliquien aufbewahrte. Sham, der Sicherheitsangestellte, der hinter seinen von der Müdigkeit geröteten Augen Zugang zu einer anderen Welt zu haben schien und immer teilnahmslos wirkte, wie gelähmt von den Erinnerungen, ließ ihn herein. Er achtete noch nicht einmal auf den Hund, der um ein Haar an das Hinweisschild gepinkelt hätte.

Wir tauchten in das Untergeschoss hinab, bis wir die Höhle des Sterbeurkundenarchivs erreicht hatten. Der Raum roch nach einer Mischung aus Metall und Staub, ein offenbar tröstlicher Geruch für den Soldaten, dessen Gesicht in einem gerührten Lächeln aufleuchtete, während der Hund zwischen den Regalen herumlief. Ich setzte mich an meinen Arbeitsplatz unter die Neonröhren und führte meinen Archivierungsauftrag für die Toten des Ersten Weltkrieges fort. Der Soldat half mir, sie chronologisch zu ordnen, und am späten Vormittag waren wir ein eingespieltes Team.

Ich war so konzentriert gewesen, dass mir die zitternden Hände des Soldaten und seine verhangenen Augen gar nicht aufgefallen waren. Die Papiere, die er mir am frühen Nachmittag reichte, wellten sich von seinen Tränen:

»Der Tod von, die Devise von, der Tod von Armand Amant.« (Auf der Sterbeurkunde las ich den Namen von Armand Amant.)

Er schöpfte Atem, seine Locken ringelten sich im Takt seiner Sehnsucht, und er fuhr fort:

»Er erzählte mir von der Venus, die, wie er sagte, nie

von der Erde aus zu sehen wäre. Er war ein kleiner, rothaariger Mann mit komischen Macken: Er schlief den ganzen Tag über und wachte abends auf, um durch die Schützengräben zu irren.«

Danach zeigte der Soldat mir seine Schuhe:

»Ich habe alle Nägel herausgezogen. Ich brauchte sie für seinen Namen auf dem Grab. Deshalb hört man mich nicht.«

Anschließend nahm er ein Blatt Papier aus der Tasche, auf das ein trockenes Farnblatt geklebt war, nebst Angaben zu Ort und Datum. »Das ist ein Kriegsherbarium«, sagte er.

Klatschmohn, Gänseblümchen, Efeu zeugten von seinem Vormarsch auf Verdun, in die Argonnen, die Champagne.

An dieser Stelle endete unser vertrauliches Gespräch, ein Mitarbeiter aus dem staatlichen Archiv kam, um die Fortschritte des Auftrags in Augenschein zu nehmen, überprüfte ein paar der digitalisierten Urkunden auf ihre Vollständigkeit und sah nach, ob der Prozess ordnungsgemäß abgelaufen war. Während er sich durch das Menü scrollte, erläuterte er mit rauer und brüchiger Stimme, dass die von mir behandelten Dokumente: »... 1000 Kilometer Papier ... äußerst schwer, Objekte mit Mobilitätscharakter zu digitalisieren ...« Ein Gefecht brach aus zwischen meinem inneren Lexikografen und meinem Phonemgedächtnis, sodass mir einige Elemente entgingen, doch ich konnte mir immerhin etwas zusammenreimen, das nach »Qualitätskontrolle« klang.

Es war alles in Ordnung, nur hatte ich vergessen, das Kästchen »Nutzerkontrolle« anzuklicken. Er holte zu einer langen Erklärung aus, zwischen jedem Wort das charakteristische Zischgeräusch von Menschen, die noch mit der Satzkonstruktion ringen, unterdessen aber ihr Gegenüber im Bannkreis ihrer Stimme halten wollen, sodass ich mich doppelt anstrengen musste, um die Wörter von dem permanenten Begleitgeräusch zu unterscheiden. Meine ganze Aufmerksamkeit war beansprucht, um zu analysieren, was er mir auseinandersetzte, dann begriff ich: Die Option »Nutzerkontrolle« musste beim Abspeichern der digitalisierten Sterbeurkunde angeklickt werden. Dadurch wurde sichergestellt, dass der Nutzer kein Roboter war. Zu diesem Zweck sollte der Nutzer auf einem schwarz-weißen Archivbild der Schützengräben die Zonen identifizieren, auf denen Tote zu sehen waren.

Meine Augen verfolgten sämtliche Bewegungen: angefangen bei den Augen des mit der Prozesskontrolle betrauten Mannes bis hin zu seinen Fingern auf der Tastatur. Bei diesem Augensalto drang nur eine Abfolge von *aaaaas* und *uuuus* zu mir vor, wobei die winkelförmigen Brauen des Archivkollegen als Konsonanten fungierten. Ich schloss daraus, dass er mich fragte, ob alles gut sei. Ich murmelte ein fast unhörbares »ja«. Er schien fast zufrieden und griff nach seinen wenigen Sachen, Mantel und Aktenkoffer.

# 35.

Seit unserer zweiten Begegnung war ein Monat verstrichen, als Thomas, der mit Anna zu einem Drink bei mir vorbeikam, sich eines meiner Audiogramme ansah, das im Flur herumlag.

Ich hatte gar nicht mehr daran gedacht, und an einem Abend im April, als wir uns immer regelmäßiger zu treffen begannen, nahm er mich in eine dieser finsteren Eckkneipen mit. »Ich mag keine Überraschungen.« Er antwortete mir mit siegesgewissen Lautkombinationen, die mich motivieren sollten, auch noch die letzte Stufe zu erklimmen. »Ich hasse düstere Bars«, sagte ich. Er nahm meine Hand und führte mich die Treppe hinunter in ein leeres Kellergewölbe. Zwischen den Steinen fiel Licht auf die feuchten Mauern, hinten befand sich ein Mischpult.

Ein glasklarer Laut zerteilte die Luft, der Ton einer E-Gitarre blieb lange in der Schwebe, voll und rund, ein warmer Klang, der meine Kehle vibrieren ließ. Dann nichts mehr, tief hallte der Ton in der Stille nach. Das wiederholte sich mehrmals. Ein leises Vibrieren in meiner Kehle, in meiner Speiseröhre, der Schädel eingehüllt von der elektrischen Membran des Klangs – Stille, die die vorherige Note im Gedächtnis haften lässt – Explosion des Leittons, immer derselbe, erwartet, erhofft – samtene Stille –, Thomas' Lächeln – wartende Stille.

Dann entfaltete sich das Saxophon im Keller, füllte den Raum zwischen meinen Lungen, das Crescendo der hohen Töne tränkte mich mit Wasser. Die Ergriffenheit durchquerte mich wie ein Fluss. Ich hörte den Ansatz, den in das Blasinstrument strömenden Atem. Die punktierte Note, die sich zurücknahm, um, weiter in der Höhe, wieder auszuholen, und dabei mein feuchtes Herz gefrieren ließ, meine glühenden Ohren kühlte. Eine Landschaft aus scharfkantigen Gipfeln zog durch die erleuchtete Nacht und mischte sich unter die vom Klang kolorierten Schwarz-Weiß-Bilder des nächtlichen Paris. (Woher wusste Thomas, dass *Fahrstuhl zum Schafott* mein Lieblingsfilm war?)

Manchmal stimulierte die Schwerhörigkeit mein Gedächtnis übermäßig. Im letzten Solo, klar, machtvoll, nie gehört, sah ich Thomas' Lippen arbeiten, die Filmdialoge für mich übersetzen: »Ich weiß, du hast privaten Kummer, aber das passiert jedem einmal. Filme sind harmonischer als das Leben, Alphonse« – und ich sah Jeanne Moreau aufs Schönste warten, im Café, in Schwarz-Weiß, die Sanftheit der Angst: wie glatt sie mir doch vorkamen, diese Angst und dieses Warten, wie ästhetisch sie wirkte, die Ermattung im Bleistiftrock mit übereinandergeschlagenen Beinen –, »im Kino gibt es keine Staus, keine Ausfallzeiten. Filme bewegen sich wie Züge, verstehst du? Wie Züge in der Nacht.«

Ich liebte *Blue Train.*

Später erkannte ich die ersten Noten vom Anfangsstück dieses Albums, sie sickerten in mich ein, wie ich sie noch nie empfangen hatte.

Ich hatte zu Thomas gesagt, das Saxophon ähnelt der menschlichen Stimme am meisten, manchmal verwechsle ich sie.

Daraufhin hatte er mir diesen Satz von Miles Davis aufgeschrieben: »Die wahre Musik ist die Stille, und jede Note dient der Stille nur als Rahmen«, eine Aufforderung an mich, zu akzeptieren, dass die Stille dem Klang vorausgegangen war.

Am Schluss muss ich vor Freude geweint haben, als die Bassgitarre durchdrang, danach das Klavier. Ich hörte jedes einzelne Instrument.

Wie konnte das sein? »Erinnerst du dich an das Audiogramm?« Thomas hatte es einem befreundeten Tonmeister gegeben, der *Blue Train* meiner auditiven Kurve angepasst und alle Frequenztöne so eingestellt hatte, dass ich sie möglichst deutlich wahrnehmen konnte.

## 36.

Als Thomas zum ersten Mal das Wort Liebe aussprach, hörte ich es zunächst nicht.

Spitzer Mund / maximale Öffnung der Mundwinkel, Thomas' Zungenspitze hinter seinen Zähnen / halbgeöffnete Lippen / leichtes Einatmen, schnelles Schließen der Lippen / glänzende Augen.

»Ich liebe dich« waren für mich Worte, die in US-amerikanischen Vororten lebende Patchworkfamilien in ihren Einfamilienhäusern aussprachen. Sie erschienen als gelbe Untertitel in B-Movies und waren allein deshalb das Kitschigste im Leben, das man sich denken kann.

Doch Thomas glaubte daran, als wären sie der Schlüssel zu einem Durchlass, während sie für mich Türen zu schließen schienen. Seine Lippen drückten sich jetzt auf meine, und ich hatte das Gefühl, dass sein »Ich liebe dich« das Kennwort für diesen Unfall war.

Ich hatte mich in Thomas fallen lassen, in die von seinen Umrissen begrenzte Watte. Ich brauchte eine Spalierstange, nachts schlang ich mich um ihn und sog seinen Atem in mir auf, von dem ich mir Auftrieb erhoffte.

Vor allem glaube ich, dass mich die Vorstellung beruhigte, jemanden in meinem Leben zu haben, so als wäre seine Anwesenheit imstande, die Frage der Liebe mehr auszufüllen denn zu lösen.

Es war sicher das Beste, was ich tun konnte, ihm zuzusehen, wie er mich liebte, erlaubte es mir vielleicht, mich mit der Gesellschaft zu versöhnen.

## 37.

Nach dem Konzert, das meine Geschichte mit Thomas besiegelte, saß ich im Bus fest: Ein Lastwagen versperrte die Straße, und es schien kompliziert, zwischen den Bauzäunen und den überall hervorquellenden Fußgängern, den Motorrollern und den Fahrrädern, die durch die kleinsten Lücken schlüpften, wieder herauszukommen. Die Leute im Bus wirkten besorgt und genervt, schauten sich das Geschehen an, kommentierten missbilligend oder kopfnickend, gestikulierten, was zu tun wäre – zurücksetzen, nach rechts einschlagen, gegenlenken. Das Stimmengewirr nahm zu. Der Geruch von Abgasen signalisierte mir ein in der Nähe vorbeifahrendes Motorrad, das penetrant riechende Haarspray der Kopfbewegung einer Dauerwelle, der säuerliche, nur notdürftig von einem Zitrusduft überdeckte Schweiß einer ansteigenden Spannungskurve: Die Gerüche öffneten den vom Gehör verstopften Raum.

Wir blieben eine Weile so stehen, bis es komplett dunkel wurde und die Lichter der Stadt eine neue Nachtlandschaft eröffneten.

Als ich meinen Hörapparat ausstellte, um der aggressiven Schalldecke zu entschlüpfen, erschien mir alles weicher und schmeichelnder, ich wohnte einem Schauspiel blinkender Lichter aus Scheinwerfern und Verkehrsampeln bei. Die Displays der Smartphones rundeten das Bild ab wie kleine Nachtlichter, die von den Fingern immer wieder zum Leuchten gebracht wurden. In diesem gedämpften Raum waren die Gerüche so angenehm wie die auf einer langersehnten Reise. Ich lächelte selig, bis mein nicht richtig abgestellter Apparat plötzlich wieder anging und mich gewaltsam in eine kräftezehrende Stadt katapultierte, die permanent Alarm schlug. Ich bahnte mir durch die kompakte Masse der Mitfahrenden hastig einen Weg zur Tür und rannte, dem Fahrzeug entkommen, in eine kleine Gasse, um, im Schutz der Straßenlaternen und der einhüllenden Stille, in aller Ruhe wieder zu ertauben.

## 38.

Statt der Frühlingsluft sog ich den Geruch nach nassem Hund ein, den ich zwischen meinen eintönigen Digitalisierungen wieder ausatmete: Heftklammern herauspulen, wenn es welche gab – das Papier zum Glätten in die Maschine – Scanner einstellen – Blatt auflegen – Drucktaste – BLITZ – BLITZ – brennende Augen, juckende Augen – Überprüfung der Bildqualität – Datei speichern – Datei teilen.

Und wenn ich den Kopf hob, tastete ich die Stille ab, die keine richtige Stille war. Ich hörte vielmehr die Summe der ausbleibenden Geräusche. Die Stille war ein Ersticken, als befänden sich die Klänge hinter den Wänden. Sie waren es, die mich belauschten – mein pochendes Herz, den Atem, meine Gelenke –, ich hörte ihr Lauschen hinter den dicken Wänden des Archivraums.

Ich hatte das merkwürdige Gefühl, von den Klängen, jenen großen Abwesenden, beobachtet zu werden. Doch vielleicht verwechselte ich die Toten des Ersten Weltkrieges, die auf den im Regal sortierten Papieren enthalten waren, mit den Geräuschen. Die Dinge wurden lebendig, so wie die Toten. Ich spürte ihr Gewicht an meiner Haut. Ich war umgeben vom Geräusch der Toten, von der Stille der Lebenden, von den lebendig-toten Geräuschen.

# 39.

Nach der Arbeit hatte ich das Bedürfnis, mich irgendwo zu verkriechen, wo niemand hinkommen würde. Das Naturkundemuseum, die Galerie der vergleichenden Anatomie, schien mir ein passendes Versteck für ein deprimiertes Tagesende zu sein. Am Eingang galoppierte eine Horde von Skeletten der größten Landsäugetiere im Wind, ihre nachgebauten Knochengerüste erzeugten die Illusion von Bewegung. Die Galerie der vergleichenden Anatomie erinnerte mich an eine dem Untergang geweihte Zivilisation, und ich konnte nicht umhin, eine Parallele zu meinen Ohren mit ihren skelettartigen Lauten zu ziehen, wie sie sich in meinem Kortex abzeichneten. Stellers Sehkuh, auch einfach als Sehkuh bekannt, war infolge einer exzessiven Bejagung, so das kleine Hinweisschild, inzwischen ausgestorben.

Ich wandte mich den über die Wände verlaufenden Vitrinen zu und war restlos gebannt von den Mäuseschädeln, die sich in kleinen Glasglocken vor einem blauschwarzen Hintergrund befanden. Die Mischung aus Licht und Schatten in den einsamen Höhlen faszinierte mich.

In meiner Konzentration hatte ich das Knurren ganz vergessen. Der Hund hechelte vor dem Skelett des peruanischen *canis azare* und ließ ein hohes, ängstliches Gebell vernehmen.

Auf der entgegengesetzten Seite des Eingangs befand sich der teratologische Schaukasten. Dort konnte man Monster betrachten, die in Gläsern mit Formalin schwammen: ein einäugiges Schwein, einen Hund mit Lippen-Kiefer-Gaumenspalte, einen kopflosen Karpfen, siamesische Lämmchen. Die Teratologie, so wurde erläutert, beschäftigte sich mit Fehlbildungen, die auf eine anormale Entwicklung zurückgingen. Letztere sei einer verspäteten oder unvollständigen Zellteilung zuzuschreiben, oder genetischen Veränderungen, die vererbt (Chromosomenabweichungen) oder spontan entstanden (Einwirkung von Giftstoffen, Radioaktivität, Infektionen) sein konnten.

Und ich, was für ein Monster war ich? Ich stellte mir vor, wie ich für die Ewigkeit im Formalin erstarrt wäre, mit gekräuselter Nase, gespitzten Ohren und einem Mund, der sich zu dem für diese Vitrine typischen »Was?« öffnete. Doch letzten Endes wusste man immer noch nicht, ob ich ein echtes Monster war: Ich hatte noch nie einen Gentest gemacht und kein anderes Mitglied meiner Familie litt an einer Hörbeeinträchtigung.

Ich verscheuchte das Bild und fuhr mit der Lektüre fort: »Bis zum 19. Jahrhundert galten diese Anomalien als zufallsbedingt«, warum also war ich betroffen?, »gottgegeben oder Teufelswerk und beflügelten die Fantasie: antike Monster, wie Sirene, Kerberos, der Zyklop in der Homer'schen *Odyssee*, oder Monster, die in mittelalterlichen Kunstwerken, etwa auf den Gemälden von Hieronymus Bosch oder an Kirchengiebeln, die Hölle bevölkern.«

In der kollektiven Vorstellung sind die Gehörlosen übergangen worden, es gibt keine Legenda aurea über lädierte Ohren. Taube hatten keinen Platz in den Gründungsmythen der Menschheit. Das Mitgefühl der Menschheit galt unbestritten den Blinden. In China wurden die Gehörlosen ins Meer geworfen; in Gallien wurden sie ihren Göttern geopfert; in Sparta von Steilfelsen gestürzt; in Rom und Athen wurden sie auf öffentlichen Plätzen zur Schau gestellt oder irgendwo auf dem Land ausgesetzt.

Ödipus hatte sich die Augen ausgestochen, aber warum eigentlich? Er hätte sich besser die Ohren ausstechen sollen. Eigentlich handelte es sich nämlich um eine Frage des Gehörs. Ödipus hatte die Botschaft des Orakels nicht richtig gehört, er war schwerhörig, er hatte die Warnungen nicht verstanden. Doch der Taube besitzt weder die Größe des Blinden noch dessen philosophische Gelassenheit. Und die Begeisterung der Psychoanalyse hat dieses Missverständnis noch weiter vertieft. Nein wirklich, so ein Unsinn, Psychologen sind weder Augen noch Mund, sie sind ganz Ohr.

Die letzte Wand, die den Besucher bis zum Ausgang geleitete, präsentierte verschiedene Organe, die ich dem Klang zuordnete, zunächst die Lunge als Atemorgan, dann Herzen in allen möglichen Formaten. Sie hatten die Funktion, unser Lebenselixier durch den Körper zu pumpen, sie waren es, die uns am Leben hielten.

Zungen von Lamas, von Hyänen – böse Zungen – leckten über ihre Nischen. (»Hörst du denn das *th* nicht?«, fragte die Englischlehrerin mit der Zungenspitze zwischen den Zähnen. »Hörst du denn das gerollte R nicht? Das ist doch nicht schwer«, sagte die Spanischlehrerin und deutete in ihrem sperrangelweit geöffneten Mund auf ihren Zungenrücken.)

In der nächsten Vitrine waren graue Vierecke mit kleinen schwarzen Löchern in der Mitte auf nummerierte Plaketten gepinnt. Der Bildunterschrift entnahm ich, dass es sich um Fischohren handelte. Daneben war ein Knopf angebracht, ich drückte ihn und löste eine Salve von Vibrationen aus, die bis in meine Unterarme ausstrahlten. Eine Leuchttafel blinkte auf, um die Informationen zu vervollständigen: Diese Sinneserfahrung zeige uns, wie sich der Klang bei Fischen überträgt, durch Vibrationen.

Dann ging es weiter mit einem komplett durchsichtigen Viereck: das Gehör der Qualle, das Gegenteil des schwarzen Lochs von Fisch- und Menschenohren.

Anstelle eines Knopfs konnte man den Finger in einen glitschigen Haufen stecken, der sich von Zeit zu Zeit zusammenzog wie eine Vulva. Der kleine Leuchtkasten wies darauf hin, dass Quallen keine Ohren haben, aber Sinnesorgane für die visuelle Wahrnehmung und das Gleichgewicht besitzen. Ich fühlte mich wie eine Qualle, die in der Masse schwamm, ohne Sichtbarkeit.

Die Auster leitete zum menschlichen Ohr über. Wieder konnte man seinen Finger bewegen, und irgendetwas schnappte zu. Der Leuchtkasten wies darauf hin, dass Austern auf von Wissenschaftler erstellte Audiogramme reagieren, indem sie sich abrupt schließen, vor allem bei tiefen Frequenzen. Ihre Empfänglichkeit für Schallschwingungen erlaubt ihnen, die Brandung, Goldbrassen und Schiffe zu hören.

Das Kästchen erläuterte schließlich, dass Letztere der Gesundheit der Austern schadeten, weil diese sich zu häufig öffnen und schließen müssten.

Ich verstand sie.

Die dem menschlichen Ohr gewidmete Vitrine war lange nicht so grafisch wie die der Fische, Nesseltiere und Muscheln: ein Tableau, das sich aus Stücken des menschlichen Innenohrs, kleinen Knochensplittern und anderen Überresten zusammensetzte. Sie sahen aus wie salzzerfressene Wrackteile von Schiffen, die von den Gezeiten ins Museum geschwemmt worden waren.

Meine Ohren hatten noch nie über das Meer zu anderen Sprachen hin reisen können, ich war bestenfalls eine hybride Mischung aus Qualle, Fisch und Auster.

## 40.

Draußen wirkte alles wie erstickt auf mich. Womöglich würde sich im kommenden Frühjahr eine noch größere Stille über die Welt legen. Während ich meinen düsteren Gedanken nachhing, merkte ich nicht, dass ich gerade auf den Gebäudeteil des Naturkundemuseums zuging, in dem sich das Herbarium befand.

Der Bau ähnelte der Galerie der vergleichenden Anatomie, mit dem Unterschied, dass der innere Rundgang anders angelegt war. Um die verglasten Schautafeln mit den getrockneten Blumen zu betrachten, mussten die Besucher den Kopf wie Trauernde senken. Das Möbel aus Massivholz, in dem die Herbarien präsentiert wurden, hatte etwas von einem Metzgerblock, mit Schubladen, die man aufziehen konnte wie Schneidebretter.

Gleich in der ersten Reihe stieß ich auf Holzproben von den Osterinseln. Die kleinen schwarzen Stücke waren in ihre dunklen Rahmen gezwängt wie in Särge. Sie waren die einzigen Zeugen des verschwundenen Waldes jener Insel. Ein Stück weiter weg füllten getrocknete Blumen die Rahmen mit ihren Ranken. Gerührt folgte ich ihren Windungen mit dem Finger. Ich blieb eine Weile vor dem getrockneten Klatschmohn stehen, die Blütenblätter wirkten fast durchsichtig auf dem Papier. Würden auch bestimmte Klänge verblassen und schließlich ganz verschwinden?

> Ich notierte:
> Jardin des plantes
> Lateinischer Name: *folium mortem*
> Gebrauchsname: Tote Blätter
> Breitengrad: 48.866667
> Längengrad: 2.333333
> Kiefer, der getrocknete Fliegen zerkaut.

Plötzlich hörte ich ein Hämmern. Wie auf einer Baustelle, nur nicht so mechanisch. Um mich davon abzulenken, verstaute ich mein *Klangherbarium* und fuhr mit dem Finger über die Scheibe, weil ich mir die Form des getrockneten Klatschmohns einprägen wollte. Doch das Geräusch wurde immer lauter. Ich konnte mich in sämtliche Richtungen drehen, mich ganz auf den Mohn konzentrieren oder an den Fingerknöcheln meiner geballten Faust abzählen, wie viele Tage der Monat März hatte, der Klang hielt an. Ich hatte den Eindruck, dass es sich um Schritte handelte, um mehrere schwere Schritte. Ich war aber ganz allein in der Galerie. Das Hämmern wurde so laut, dass ich mir (unsinnigerweise) mit beiden Händen die Ohren zuhielt und die Augen schloss. Die Form des Klatschmohns blieb auf meiner Netzhaut haften und bewegte sich unter meinen gesenkten Lidern sachte hin und her. So stellte ich mir ein Mohnfeld vor, und je zahlreicher der Klatschmohn war, desto dumpfer wurde das Geräusch.

Ich hatte Schwierigkeiten, das Bild im Kopf zu behalten und den höllischen Krach endgültig auszublenden.

Ich öffnete die Augen, und alles verschwand so schnell, wie es gekommen war. In meiner Verwirrung war ich ein paar Schritte weitergegangen und stand nun vor einem Emailleschild, auf dem zu lesen war:

»Der Klatschmohn ist eine Segetalpflanze (›von lateinisch *segetum* = Getreide‹). Diese Blumen verbreiteten sich in allen Zonen, in denen die Unterspülung zum Ausheben der Schützengräben und Verbindungsgänge, vor allem aber das durch die ›Stahlgewitter‹ ausgelöste Chaos Hunderttausende Erdklumpen umpflügte und dabei die Kalkschichten an die Oberfläche trieb, sodass Erdscholle und Fleisch zu einem fruchtbaren Gärstoff für Millionen von Blütenkronen wurden, die auf den Schlachtfeldern des Ersten Weltkriegs leuchteten.«

Plötzlich sah ich in der Ecke des Raums anstelle des Museumswärters den Soldaten, der seinen Kopf in Händen hielt. Er wurde von heftigen Zuckungen geschüttelt. Noch bevor ich bei ihm sein konnte, reichte ihm eine plötzlich aus dem Nichts auftauchende Frau ein Taschentuch. Ich hielt mich etwas abseits der Szene, um die beiden, die ihrerseits nichts von meiner Anwesenheit ahnten, beobachten zu können. Sie sprach leise mit ihm, er warf ihr zögerliche Blicke zu. Er hatte sein Käppi abgenommen und wendete es hin und her – ich verspürte einen eifersüchtigen Stich. Die braunen Locken des Soldaten fielen ihm in die Stirn. Ich dachte wieder an unsere Liebesnacht, meine Hände in seinem dichten Haar, die Locken, die sich um meine Finger wickelten, während seine Hand meinen Oberschenkel hinaufwanderte. Meine Verwirrung nahm zu: Wer, der Freund oder der Soldat, war im Aquarium der Nacht seine Bahnen geschwommen? Die Eifersucht konnte nicht mehr an sich halten und begann zu bellen, die Frau und der Soldat schreckten zusammen, sie aber war es, die jetzt mit panischem Blick auf mich zustürzte.

In der Hoffnung, den Hund zu erblicken, drehte ich mich um, doch er war nicht da. Ich war allein mit dem Gedanken, dass tatsächlich ich diejenige war, der ein Tierlaut entschlüpft war. »Geht es Ihnen gut?« Die Frau artikulierte perfekt, ihre Lippen bemühten sich, jede einzelne Silbe abzusetzen. Sie war so nah herangekommen, dass ich ihre dünne, leicht knittrige, braun gefleckte Haut sehen konnte, die eine Struktur hatte wie billiges Toilettenpapier. Als sie merkte, dass ich sie aufmerksam betrachtete, rückte sie ein wenig ab.

»Ich mag Herbarien wirklich sehr«, sagte ich, um die spürbare Verlegenheit zwischen uns zu überspielen.

Ich flüchtete mich zu Thomas, rankte mich wie eine Liane um seine Anwesenheit. Bei ihm hatten Körper und Dinge einen ausgesuchten Platz, diese Ordnung betäubte die Sinne und beruhigte die Fantasie: Der Soldat und die Botanikerin konnten mir nichts mehr anhaben.

## 41.

Am nächsten Tag setzte Thomas mich am Rathaus ab, ich ging ins Untergeschoss, hatte in der Mittagspause allerdings das Bedürfnis, wieder mit der Nullebene der Existenz anzuknüpfen, den Verputz und die Neonröhren des Sterbeurkundenarchivs hinter mir zu lassen. Da ich allerdings weder Lust hatte, meine ehemaligen Kollegen zu treffen, noch in der Kantine zu essen, stieg ich erst hinauf, als niemand mehr oben war.

Normalerweise setzte ich mich auf einen der blauen Plastiksitze neben der Zierbanane. Aber dort hatte schon ein anderes menschliches Wesen Zuflucht gefunden. Ich antwortete auf dessen Gruß, war aber verunsichert, weil ich den Eindruck einer Beschimpfung gehabt hatte – wie ich, hatte sie bei meinem Anblick vermutlich geflucht. Ich kannte sie nicht, ihr eckiges Gesicht sagte mir nichts, aber sie hatte etwas Unbewegliches, das mich neugierig machte. Ich teilte ihr mit, dass ich schwerhörig sei. Während wir jeweils unter einem Bananenbaumblatt saßen, ersetzten unsere Kaugeräusche die Unterhaltung.

Seitdem war Mathilde meine einzige Verbündete, ich nahm mir ein Vorbild an ihrer Technik als europäische Gespenstschrecke, beim Anpirschen an Kollegen am Drucker oder Abschirmen der Geburtsurkunde-Mitarbeiter.

»… Karl ist manisch (charismatisch)«

Wovon redete er da?

Erneut starrte ich den Kollegen am Drucker an:

»Dem Unterleben

(Der Soldat warf ›Unternehmen‹ auf ein Blatt)

geht es schlecht. Es kam

(›kann‹, schrieb der Soldat)

also eine Unstrukturierung geben.

(›Schon gut, ich habe verstanden‹, sagte ich zum Soldaten. Er beharrte und schrieb ›Umstrukturierung‹.)«

»Intermodale Umstrukturierung oder Plastizität, so heißt dieses Phänomen. Wenn der Betreffende keinen Zugang mehr zur sensorischen Modalität hat, organisieren sich die Kortexe neu, weil sie von den bei dem Betreffenden verbleibenden Modalitäten beansprucht werden.«

Um in peinlichen Situationen das Gesicht zu wahren, schwor ich regelmäßg auf die *Anarchistische Zeitschrift für Neurowissenschaften*, für die meine Mutter mir ein Abo geschenkt hatte. Sicher stellte sie sich vor, dass ich in Anbetracht des Hörverlusts ein »revolutionäreres«, mit der Technologie versöhnteres Verhalten an den Tag legen würde.

Im Grunde hatte sie damit nicht Unrecht, ich musste mich mit der Idee abfinden, dass ich eines Tages womöglich ein Implantat bekommen würde. Und dass dieser Tag so fern nicht mehr war. Wenn ich mit Entsetzen und Faszination über die Erfahrungen las, erschien mir die Wissenschaft allerdings eher wie eine Hardcorevariante von *Detective*.

»In einer Studie an Katzenjungen, die aufgrund einer Naht an den Augenlidern oder einer beidseitigen Enukleation ihr Sehvermögen verloren haben, sinkt die Anzahl der verhornten visuellen Verbindungen im Vergleich zu normalen erwachsenen Katzen beträchtlich.«

Ich malte mir aus, dass meine Ohren genäht wurden oder die Cochlea wie Popcorn herausploppte, während an meiner Stirn Elektroden befestigt waren.

Der Artikel, den ich danach entdeckte, ließ mich jedoch aufmerken: »Diesen Forschungen zufolge weisen gehörlose Personen eine gesteigerte Fähigkeit zur Verarbeitung der visuellen Bewegung auf. Unter anderem haben sie eine schnellere und genauere Wahrnehmung der Bewegungsrichtung im peripheren Sichtfeld und produzieren in größerem Umfang Schwingungen visuell evozierter Potenziale (VEP).«

*Eine schnellere und genauere Wahrnehmung der Bewegungsrichtung im peripheren Sichtfeld.*

Tatsächlich fühlte ich deutlich, dass sich meine visuellen Fähigkeiten enorm verbessert hatten. Die letzten Sonnenstrahlen machten die Modellierungen der Lippen nicht völlig zunichte; die Labiallaute drangen länger durch das Halbdunkel. Es gelang mir sogar, aus den Augenwinkeln zu lesen, was der Soldat mir aufschrieb, um Missverständnisse vorzubeugen.

Er benutzte sämtliche Hilfsmittel, die uns zur Verfügung standen. Manchmal schickte er mir sogar Textnachrichten, um mir aus der Klemme zu helfen, doch manchmal vergaß er mich auch.

## 42.

Der Logopäde unternahm einen Vorstoß gegen meine gläserne Verschalung mit Listen voller Wörter und Sätze, die von dem extra zu mir gedrehten kleinen schwarzen Lautsprecher ausgespuckt wurden und die ich aus der übrigen Klangumgebung heraushören sollte. Verängstigt wie ein Versuchstier wiederholte ich: »Ich liebe nur den einen« – seine warme, klangvolle Stimme sagte »ja« – ich fuhr fort: »Meine große Liebe ist ein Wolf.« Ich war mir nicht sicher, zögerte mit »Meine große Liebe heißt Rolf«. Die Wangenknochen meines Logopäden hoben sich zu einem Lächeln und halfen meinem Gedächtnis für die richtige Antwort auf die Sprünge. Und dann verlor ich mich in Hypothesen, die mich von den Erinnerungen an die Klänge entfernten, genauso wie das Erzählen eines Traums dessen Bilder verblassen lässt. Die erste Liebe war in diesem Fall ein Wolf. Auch wenn sie keinen Sinn ergab, war das die richtige Antwort. Ich war glücklich, denn indem ich »meine erste Liebe ist ein Wolf« verstanden hatte, entfernte ich mich von meiner Tierhaftigkeit.

Ein trockenes Knacken unterbrach das Ende der Sitzung, der Blick meines Logopäden zur Tür gab mir zu verstehen, dass sich dieses Ereignis im wirklichen Leben abspielte. Ein hochaufgeschossener Typ kam herein, den ich ob seiner Ungeduld mit tiefer Verachtung ansah. Konnte er nicht einfach warten wie alle anderen? So wie ich in dem wassergrünen Raum gewartet hatte, so wie andere gewartet hatten, in der Hoffnung, das Gehör möge ihnen zwischen diesen Aquariumswänden wachsen oder nachwachsen wie eine Seerose.

Ich stand unvermittelt auf und stieß mit dem großen Körper zusammen, dem es peinlich war, mich vor dem weglaufen zu sehen, was ein von meinem Logopäden organisiertes Zusammentreffen war. »Hast du nicht gesagt, dass du gerne andere Hörbeeinträchtigte kennenlernen würdest, Louise?« Ich stotterte, alles schrumpfte auf eine kleine Spuckespur zusammen, die niemand sah, während ich sie unverwandt anstarrte und ihre kleinen glitzernden Tröpfchen auf der Schreibtischkante beäugte wie eine vom Kosmos aus betrachtete Miniaturausgabe meiner selbst.

Der Logopäde schob uns Richtung Ausgang und verabschiedete sich energisch.

Wir schauten uns an. Unsere Blicke wichen unseren Augen, Mündern und Händen aus, wir wandten unsere Köpfe auf der Suche nach Fluchtpunkten in diverse Ecken, aber die vor uns liegende Straße zwang uns dazu, eine Richtung einzuschlagen. Mir kam alles unendlich zäh vor, als steckten wir in einem Urwald fest. Ich weiß nicht, wer von uns beiden auf ein Café zusteuerte, damit wir »uns kennenlernen« konnten, obwohl wir bereits in diesem Stadium dabei waren, unsere jeweiligen Vermeidungsstrategien zu verfeinern. Als wir an dem runden Tisch im Café saßen, konnten wir nicht mehr ausblenden, dass wir zusammen, aber jeweils in eine Glaskapsel eingeschlossen waren. Der versuchte Dialog wurde von häs? und was? begleitet, von gespitzten Ohren und manchmal einem verschwörerischen Lächeln, wenn wir das Gefühl hatten, der andere ahmte uns nach. Der von unserer Pantomime verunsicherte Kellner brachte unseren Kaffee, verzichtete aber auf die üblichen Floskeln, und wir konzentrierten uns so eingehend mögliche Phantomfragen vorwegzunehmen, dass wir uns gegenseitig in Höflichkeitsbekundungen überboten: ach danke, bitte, nein, alles gut so, absolut perfekt. Der Kellner machte sich aus dem Staub, und irgendwann lachten wir ein bisschen. Endlich konnten wir einander in die Augen sehen.

Auch er hatte dunkle Augen, die Iris verschmolz mit der Pupille, sodass seine Blicke auf meine Lippen unauffällig und gleichzeitig intensiv waren. Doch vor allem hatte ich ihm meine Augen dargeboten, während ich auf seinen Lippen nach Übereinstimmungen zwischen uns suchte, überzeugt davon, dass unsere Leben von den gleichen Gefühlsregungen geformt wurden und wir uns wie zwei große Schachspieler über unsere unterschiedlichen Strategien austauschen würden, um die Partie nicht zu verlieren.

Er liebte Reisen, während ich sie hasste. Ich hatte mir gut gemerkt, dass »wegfahren ein bisschen zu sterben« bedeutete. Ich befragte ihn nach seinem Fernweh. Ich hatte Englisch nie von den Lippen lesen können, die Wörter wurden restlos verschluckt. Ich hatte sie immer nur hinter der Zunge verschwinden sehen, aufgelöst in Spucke wie in der Gischt auf offener See.

Ich weiß nicht, ob die Flut seiner Worte seine Stimme abgeschleift hatte, die nun weniger zischend war, oder ob wachsende Leichtigkeit seine Sprache verändert hatte, zumindest verstand ich jetzt alles, was er sagte.

Nur auf Reisen fühle er sich am richtigen Ort. Nichts zu verstehen gehöre zu den Eigenschaften des Fremden dazu.

»Hierzulande stoße ich nur auf Verärgerung und Argwohn.«

Ich nickte schweigend.

Dann fragte er mich, ob ich allein lebte. »Streng genommen nicht«, antwortete ich, »ich habe einen Soldaten und einen Hund, und seit Kurzem gibt es auch noch jemand anderen.«

Sein Blick wanderte zu meinem Bauch.

Ich lachte über seinen Irrtum.

Dennoch sagte ich: »In mir wohnt noch jemand.«

Wir hatten ermessen, wie unterschiedlich wir waren, als wir auseinandergingen. Er war Mitglied eines Vereins für auf dem linken Ohr Hörbeeinträchtigte und auf dem rechten Ohr Hörgeräteträgern der Marke Atavix – eine Community, die ihm zufolge Mitglieder auf der ganzen Welt hatte. Ich selbst hatte einmal dem Verein herzkranker Kinder angehört, und zwar nur, um den Rollstuhl einer Kinderliebe über den steinigen Weg im Bois de Vincennes schieben zu dürfen.

Die Begegnung mit einem Schwerhörigen hatte mir nur einen weiteren Unterschied aufgezeigt. Zwischen ihm und mir gab es ebenso viele Unähnlichkeiten wie zwischen einer Bart- und einer Tannenmeise. Ebenso viele Strategien der Sinnschöpfung.

Ich fühlte mich wie ein vom Wind gebeutelter Sack Knochen und hatte den Eindruck, mir mutterseelenallein die logischen Zusammenhänge herauspicken zu müssen, die mich am Leben hielten, als ich in meinem Innenhof plötzlich eine Zigarette aufglimmen sah, dann den Umriss eines gesenkten Kopfs, einen gebeugten Rücken, wie ein Seiltänzer in der Schwebe, der mit einer sperrigen, stinkenden Last, einer riesigen Masse Unrat auf dem Rücken, einen Abgrund überqueren muss: Es war der Nachbar-Freund.

Er schien mich nicht zu erkennen, ich baute mich vor ihm und der Masse, die ich auf seinem Rücken erblickt hatte, auf. »Hallo.« Er sagte nichts, und auch ich erkannte ihn kaum wieder, seine Gesichtszüge waren immer noch da, aber sein Gesicht hatte sich verflüchtigt, begleitete weder Augen noch Nase noch Mund. Als stünde ich vor einem Joghurt und sähe die Spuren des tief eingegrabenen Löffels, sonst nichts. Schnell wandte ich mich ab, und mich beschlich das Gefühl, dass sich die sperrige, stinkende Last, die ich zu sehen geglaubt hatte, hinter mir mit Leben füllte und wendige, plärrende Äffchen daraus hervorkrochen, um mich zu beschimpfen.

Die Treppenwindungen verschlangen dieses frostige Bild, und ich schloss rasch die Tür hinter ihm. In meinem Wohnzimmer leistete die Frau dem Soldaten und dem Hund Gesellschaft, sie stellte sich mir als Botanikerin vor. Ich setzte mich aufs Sofa und lauschte ihrer hohen, klaren und klangvollen Stimme: »Sie kann nur in vergessenen Zonen, an nicht vorhandenen oder nicht kartografierten Orten wachsen.«

Ich unterbrach sie: »Wovon reden Sie?«

»Von der Convolvulus vagus«, erwiderte die Botanikerin, bevor sie fortfuhr: »Ihre Chlorophyll-Struktur verkümmert außerhalb der freien Wildnis. Bisher war es unmöglich, sie jenseits der unbestimmten Gelände zu untersuchen, die ihr Biotop bilden. Sie entwickelt sich nur auf einem verlassenen Boden, der reich an Antimaterie ist, in Kometenkratern, in manchen Gebieten langandauernder Konflikte oder an kartografischen Leerstellen.«

## 43.

Ich hatte soeben die Ergebnisse des Gentests bekommen, ein Bestandteil des Verfahrens, das feststellen sollte, ob ich Anspruch auf ein Implantat hatte.

Es lag nichts vor.

Keine Krankheit.

Keine Erklärung der Hörbeeinträchtigung und des Hörverlusts.

Keinerlei Erklärung zu einer Leerstelle, die irgendwann nur noch alles hatte abwärtsgehen lassen.

Alles blieb vage.

## 44.

Im Rathaus las ich verschiedene Artikel über das Archiv. Niemand zwang mich dazu, aber mit dem nachträglichen Verzeichnis der Toten des Ersten Weltkriegs hatte ich eine Faszination für die Archivarbeit entwickelt. Ich überflog die Spalten, als hinge mein Leben davon ab.

So hatte ich auch einen Text mit dem Titel »Die Vergangenheit entgleitet uns« gelesen.

Ihm zufolge änderten sogar die Versuche, Inhalte des Internets zu archivieren, nichts daran, dass die Vergangenheit uns entglitt und die Zukunft noch weniger erfass- und konservierbar sein würde. Aufgrund der Empfindlichkeit der Datenträger, ihrer äußerst kurzen Lebensdauer fielen wir immer stärker dem Vergessen anheim.

Es konnte passieren, dass alles, was ich nicht täglich in meinem Klangherbarium verzeichnete, aus meinen Ohren gelöscht wurde.

Als ich nach Hause kam, überreichte ich der Botanikerin feierlich die Seiten des Herbariums, legte sie ihr wie eine Opfergabe zu Füßen. Ich hoffte dadurch, einen komplexen animistischen Ritus anzustoßen, bei dem sich die Blätter, auf denen ich die Alltagsgeräusche notiert hatte, für eine Weile bei ihr verkörperten, bevor sie zu mir zurückwanderten.

Sie ging auf den Ritus ein und versicherte mir, dass sie das Klangherbarium sorgfältig neben ihren miraginären Pflanzen aufbewahren wolle.

Das Gewitter begann zu grollen.

Wohnung
Lateinischer Name: *tempestas*
Gebrauchsname: Gewitter
Breitengrad: 48.866667
Längengrad: 2.333333
Gletscherkappe auf dem Feuer.

## 45.

In meiner Erinnerung hatte das Gewitter meine Kindheit zerstört.

Es hatte die Vorstellung von Endlichkeit in mich eingelassen. Jenes schmerzliche Gefühl, dass irgendetwas nie mehr so sein würde wie vorher, dass etwas passieren und die Konturen der Welt auflösen würde, einen Sommernachmittag voller Kindergeschrei und an den Wimpern klebenden Grashalmen in die schwärzeste und einsamste Nacht verwandeln konnte, in der ich auf einem leblosen Holzstuhl bibberte und zusah, wie die Dunkelheit die Zweige der Bäume, den Bach und die Dächer verschluckte.

Ich begriff, dass die Erwachsenen bei einem Gewitter keine Erwachsenen mehr waren, sondern leblose, entkernte, verrenkte Puppen. Das Gewitter hatte ihre Gesichter verzerrt, ihre Münder verzogen, ihre Plomben freigelegt, ihre Augen hinter die Lider verdreht.

Donner war das Wort, das sie ausgesprochen hatten, um diese Explosion sämtlicher kosmischer Elemente zu beschreiben, doch an jenem Tag, an dem der Tod meiner Kindheit begann, dachte ich: Wer sagt mir eigentlich, dass es wahrhaftig das ist? Dass das Wort der Sache entspricht? Wie sollte ich mir sicher sein, da man mich nie vorgewarnt hatte, dass eines Tages plötzlich dieses

Gewitter kommen und nichts mehr so sein würde wie vorher, dass die Sonnenstrahlen in eisigen Pfützen verenden würden? Sie hatten mir nichts gesagt, sie hatten mich nicht vorgewarnt, dass ich ganz allein in der Nacht mitten am hellichten Tag in ihre von feuchten Haaren gepeitschten Fratzen brüllen würde; dass die Kindheit an der allgemeinen Gleichgültigkeit zerschellen würde.

Und er.

Er hat die grauen Augen von Gewitterabenden, dieses Grau, in dem ich nun merkte, dass ich auch ihn verlieren könnte.

## 46.

Am liebsten hätte ich nur tief in einer Grotte Bilder einritzen wollen, um meine Liebe zu ihm zu beschreiben: Sie war ikonisch.

## 47.

Eine lange Lawine überrollte im Zeitlupentempo meine Orientierungspunkte, das in meinem Ohr verkrochene Monster ernährte sich von immer mehr Wörtern. Nur in der Badewanne fand ich Thomas' Stimme wieder, und in dem Flüstern, das er in mein Ohr sickern ließ. In der Badewanne legte ich mein Ohr aufs Wasser, während er seinen Mund ein bisschen weiter entfernt ebenfalls auf der Oberfläche platzierte. Der Klang seines Munds auf dem Wasser und die Schwingungen bildeten in meinem beinahe toten Trommelfell einen Nachhall. Es war merkwürdig: Seine Stimme, kristallklar und geräuschvoll wie Wind, hatte den Umriss einer Erinnerung. Seine dunkle Stimme wurde vom Plätschern des Wassers durchzogen. Ich fühlte mich wie ein Stalagmit, gefangen in den Netzen der Zeit. Ich antwortete ihm, er sagte wieder etwas, und so tauschten wir uns auf dem Wasserweg aus. Wir tauchten unsere Körper in die Stille, nur die Schwingungen hüllten uns ein. In diesem Augenblick war ich Thomas' Stimme, und er war meine Stimme, und ich hatte das Gefühl, dass nichts verschwinden würde.

Wir griffen das Flüsterspiel oft wieder auf, bei dem sich mein Ohr direkt in seinem Mund befand. Kaum gaben die Lippen nach, brach der Ton ab. Ein Spiel mit Raum und Resonanzraum, der Atem im Ohr kondensierte und wurde feucht, Thomas' Stimme rieselte aus meinem Ohr. Mir gefiel die Vorstellung, dass wir am verdüsterten Himmel meines Ohrs spielend eine Wolke bildeten.

Der Körper warf uns auf einen fruchtbaren Boden zurück, wir brauchten keine Wörter zwischen uns zu pflanzen.

Die Stille hatte uns sehr viel mehr zu sagen, sie ließ uns wachsen.

# 48.

Als diese Stille jedoch abermals drohte, mich aus der Wirklichkeit auszustoßen, wurde sie zu einem Feind, den es zu bekämpfen galt – ich weiß nicht, was der Soldat anstellte, »er sei auf Mission«, hatte er mir das letzte Mal gesagt, ich müsse mich allein durchschlagen –, und dieser Kampf trug einen Namen: Implantat.

Ich drehte und wendete das Wort in sämtliche Richtungen:

Implantat

Im plant

Ein pflanzt

Thomas gefiel ›Ein pflanzt‹, die Vorstellung, dass ein technologischer Pflänzling in meinem Gehirn gedeihen würde und mich dem Licht entgegenwachsen ließe wie eine genmodifizerte Sonnenblume. Thomas war Progressist. Er hatte keine Angst.

Aber ich war nicht Thomas.

## 49.

Anna wiederholte: »Das Implantat ist eine kapitalistische Kriegsmaschine. Wer hat denn Interesse an der Optimierung des Menschen? Das Militär! Louise, du willst doch wohl nicht eine Kämpferin mit physiologischen und kognitiven Superfähigkeiten sein?«

Nein, antwortete ich, natürlich nicht.

Sie erzählte mir von den an die biologischen Neuronen gekoppelten Nanorobotern zur Emotionskontrolle, »auch das können sie dir bald ins Implantat einsetzen, sie können dich mit dem System verbinden und dir Wissen herunterladen. Sie werden in dein Privatleben eindringen, sodass die Grenzen zwischen Menschlichem und Nicht-Menschlichem verschwimmen. Im Grunde will man von dir das Gleiche wie von einer Maschine: Du sollst regulierbar sein, man schaltet dich ein, man schaltet dich aus.«

Anna hatte recht, ich war in bioethischer Hinsicht für mich selbst verantwortlich. Ich musste mir über meine persönliche Ethik Gedanken machen.

Diverse Artikel über Projekte von Hightechfirmen, die Anna mir schickte, vereinnahmten meine Tage. Die Beiträge über Implantate, die von einem neurochirurgischen Roboter ins Gehirn eingesetzt wurden, ließen mich erschaudern. Mit ihrer Hilfe konnten auch Smartphones und Computer kontrolliert werden. Ich antwortete ihr, dass sie sich täusche, dass solche Implantate für Körperbehinderte gedacht seien, dass es sich um etwas völlig anderes handele. Du verstehst wirklich überhaupt nichts, du *bist* eine Behinderte, das ist für »die« genau das Gleiche. Anna wurde zur Verschwörungstheoretikerin und lehnte alles ab, was die Welt an Neuem zu bieten hatte. Sie hielt an der Vorstellung fest, dass die Erfinder technologischer Entwicklungen vor allem Science-Fiction-Fans seien und ich mit meiner Entscheidung für ein Implantat genau diese Welt in meinen Körper einließ.

Rasch würden sie mich in eine direkte Schnittstelle zwischen hyperlukrativen Apps und eigenem Gehirn verwandeln. Sie wären drauf und dran, meine Gedanken aufzunehmen, meinen mentalen Zustand zu speichern oder eine Fahrt bei Uber zu bestellen. Außerdem könnten sie mich komplett verwandeln, in meine Psyche jemand anderen übertragen, wenn sie mich für uninteressant oder unproduktiv hielten.

STOPP.

Ich stellte mir vor, wie ich nach einer Party bei Anna nachts durch die Kälte laufe und plötzlich ein Uber aufkreuzen sehe. Mein Implantat hatte das Taxi bestellt und schon bezahlt, kaum dass sich eine leise Sehnsucht nach einem Platz im Warmen geregt hatte.

Und noch eine andere Vorstellung geisterte durch meine Nächte: jemand anderes zu sein.

Eines Morgens lag eine Fremde in meinem Bett, und das war ich. In meinem Traum wusste Thomas nichts von dieser Verwandlung, nannte mich weiterhin »Louise«.

Ich hatte das Gefühl, ihn zu hintergehen, mir einen Seitensprung mit jener anderen Frau erlaubt zu haben, die ich selbst war, mit einem anderen, verzerrten Vornamen voller sonderbarer Konsonanten. Meine Kehle schnürte sich zusammen, und irgendwann spuckte ich ein speichelfeuchtes Stückchen Ohr in unseren Zwischenraum aus.

Oft wachte ich an dieser Stelle auf, mit dem Gefühl einer zerkratzten, von der Wirklichkeit zerschrammten Kehle, als hätte ich in der Nacht gebrüllt, ohne je gehört worden zu sein.

# 50.

Rings um unsere Teller breiteten sich Soßenflecken, Krümel und Weintropfen. Ich war immer am besten darin, Spuren auf dem Tisch zu hinterlassen, bei Thomas verlief alles linear: Die Mahlzeit landete vollständig und ohne Umwege in seinem Magen, während mir unterwegs immer irgendetwas abhandenkam.

Anna schob die Gegenstände mit der Hand beiseite und verwischte die Überreste so, dass Frühstück, Mittag- und das gerade zu Ende gehende Abendessen nur noch eine einzige Linie bildeten, die sie je nach Alkoholspiegel zu einem großen Kreis ausdehnte. An diesem Abend umfasste er uns fast alle.

Anna und Thomas waren nicht oft einer Meinung, sie nahmen mich ab und zu beiseite, um mir zu erklären, welche Diskussion gerade eskalierte. Manchmal waren sie sich noch nicht einmal über das Thema einig.

Für Anna ging es an diesem Abend um Transmedialität, während sich die Debatte in Thomas' Augen darum drehte, dass Algorithmen zu wichtigen Forschungsergebnissen führen, deren Herleitung sich indes unmöglich zurückverfolgen lässt.

Ich schwieg, um die Diskussion nicht noch komplizierter zu machen.

Bis zu dem Augenblick, da ein Geräusch alle aufhorchen ließ: Ein Glas war auf dem Boden zerschellt. Ich sah eine schwielige Hand mit schwarzen Fingernägeln auf dem Tisch, ein akustisches Rinnsal ließ mich an einen Fluch denken. Anna schaute in dieselbe Richtung wie ich, während Thomas in der Küche etwas holen ging, um die Scherben aufzulesen. Ich sah die Locken des Soldaten über den Tisch quellen, er war auf den Hintern gefallen. Anna lachte und begann, wie es ihr zu eigen war, zu singen. Dann fiel auch die brüchige Stimme des Soldaten ein. Ich geriet in Panik, Thomas würde gleich wiederkommen, was sollte ich ihm sagen? Ich ging lieber zu ihm in die Küche, bis das Lied zu Ende war, der Soldat würde anschließend sicher gehen.

In der Küche sagte ich bedeutungsvolle Dinge, um seine ganze Aufmerksamkeit zu beanspruchen, idiotische Dinge wie irgendwelche Songs, idiotische Dinge wie »Du hilfst mir durchzuhalten«, um das Ereignis zu überspielen. Thomas war nicht dumm, aber es gefiel mir, dass er mir meine Verwirrung anmerkte, und ungeschickt schlich sich meine Liebe auf die Lippen, um ihn zurückzuhalten.

Als wir wiederkamen, war die Hand auf dem Tisch verschwunden und Anna trällerte leise einen Cowboysong, während sie mit einem Finger über ihr Glas fuhr.

Ich war beruhigt, spürte unter dem Tisch Thomas' Knie an meinem Oberschenkel, doch Annas Augen verschleierten sich mit Besorgnis.

»Hast du es Thomas gesagt?«

»Was gesagt?«

Ich flehte Anna mit Blicken an, aufzuhören.

»Na« – sie warf den Kopf und ihre widerliche Mähne

zur Seite und deutete auf die Stelle, an der das Glas zerschellt war –, »dass es diesen Mann in deinem Leben gibt?«

Anna langweilte sich und wollte die Stimmung anheizen. Ihr düsteres Wesen hatte das Bedürfnis, meinen Wunsch nach Stabilität zu untergraben. Thomas lächelte, bestimmt malte er sich aus, dass Anna mir Worte, die ich hasste, in den Mund legen wollte, wie »Liebe« – leere Hülsen.

Annas Mund öffnete sich zu den *ls* und gab den Blick frei auf ihre Zunge, die die Krümel zwischen ihren Zähnen herauszulösen versuchte. Annas Sätze waren voller extremer Vokale, zerfurchten ihr Gesicht mit unzähligen Fältchen, als wäre ihr Mund der Aufschlagpunkt des abprallenden Kieselsteins auf dem Wasser und ihr Gesicht die konzentrischen Kreise. Thomas' Mund rundete sich vor Erstaunen, dann kniffen sich seine Mundwinkel zusammen, das Zeichen dafür, dass er Anna, deren redefreudige Lippen sich von den Gerbstoffen des Rotweins färbten, in ihren Argumenten nicht folgte. Ich stellte den Ton ab, schaltete mein Hörgerät aus, schwamm in die Leere und sah zu, wie Annas Krümelkreis uns alle einsperrte.

# 51.

Auf dem Rückweg sagte Thomas gar nichts. Oder wenn er etwas sagte, habe ich nichts gehört. Ich sah, wie der Schatten meines verfluchten Hundes, der sein einziges Auge an meine Fersen heftete, in der Nacht bellte. Hatten die Missionen des Soldaten etwas mit Anna zu tun? Weshalb entglitt mir alles? Ich brauchte Erklärungen, obwohl ich selbst außerstande war, Thomas damit zu versorgen, überzeugt davon, dass ich seine Normalität beschützen musste, dass er nicht begriff, wie gestört ich wirklich war. Der Hund lief hinter uns her und mir fiel auf, dass etwas nicht mit ihm stimmte, er sah anders aus. Sein Fell war nicht mehr das gleiche, die Haare schienen dicker geworden zu sein, wie bei einem Schaf, das zu lange nicht geschoren worden war. Sogar sein Schmiss verschwand hinter dem dunklen Fell, das einzige Auge erlosch hinter dem braunen Vorhang.

Als wir bei mir ankamen, gestand Thomas mir, dass Anna ihm das Leben ein bisschen zu sehr psychologisierte.

»Diese Geschichte mit dem Soldaten zum Beispiel«, sagte er – und mein Herz begann zu klopfen –, »sie meint doch tatsächlich, dass du dich im Kriegszustand befindest, dass du belagert wirst.«

Ich war gleichzeitig erleichtert und erschrocken, dass

er Anna nicht geglaubt hatte, dass er das nicht für möglich hielt.

Am liebsten hätte ich in die Nacht gebellt.

»Woran denkst du?«, fragte Thomas mich.

Ich dachte an dieses Fellknäuel, das immer weiterwuchs, ich dachte daran, dass es bald verschwinden würde, wenn ich nichts unternähme.

Aber ich antwortete: »An das Gleiche wie du.«

Thomas sah mich herausfordernd an und bot mir seine Lippen dar. Ich drückte meine darauf. Er versuchte, sie mit seiner Zunge zu öffnen, während ich an die Namen der Wolken dachte. Ich hatte sie in meiner Kindheit auswendig gelernt, um dem abends immer laufenden Fernseher zu entkommen.

»Zirrus!«

In Sekundenschnelle war mir der Name meines einäugigen Tiers zugeflogen. Er entschwand meinem Mund, und Thomas' Zunge gleich mit dazu. Zirrus war der Name einer langhaarigen Wolke. Ich rannte zu dem schwarzen Knäuel, das sich unter dem Küchentisch verkrochen hatte: »Zirrus!«, »Zirrus!«; meine Hände in der dunklen Masse, um ihn aufzurütteln, »Zirrus«, und ich spürte, was unter meinen Fingern einem Knorpel glich, einem beweglichen Knorpel. Sicher die Ohren.

Ich rückte näher: »Zirrus, ich vergesse dich nicht.«

## 52.

In der schlaflosen Nacht sorgte ich mich um Zirrus' Fell, um die Ausbrüche des Soldaten und meine desertierenden Ohren. Ich verließ Thomas' Schlaf und gesellte mich zu dem Soldaten in die Küche. Gegen die wachsende Beunruhigung spielten wir bis in die frühe Morgendämmerung Schere, Stein, Papier. Ich hätte ihn gern nach seiner Beziehung zu Anna gefragt.

Langsam sanken die rosa Kumuluswolken in die Falten unserer Hände. Das Morgengrauen zog an unseren Augenwinkeln. Der Soldat glich einem Reptil, mit seinen zu müden Schlitzen verengten Augen, seinem fasrigen Mund und seinen vom Kokain geröteten Nasenlöchern.

Zirrus lag unter dem Tisch und sah mit seinem Fell, das überhaupt nicht mehr zu sprießen aufhörte, scheußlich aus. Ich konnte noch so viel schneiden, alles wuchs nach, und Zirrus scharrte.

Plötzlich kam Thomas ein Glas Wasser trinken.

Er verharrte einen Moment lang in der Türöffnung, stand wie angewurzelt auf den Fliesen, die Augen schlaftrunken zusammengekniffen, die Wangen zerfurcht von den Abdrücken des Kopfkissens, die flatternden Boxershorts von der kühlen Küche elektrisiert, der ganze Körper zermürbt von der Nacht und dem Bett.

Er sagte nichts, blinzelte nur angesichts der Szene. Seine Signallämpchen folgten denen der Stadt, über der gerade der Tag anbrach.

Er blieb noch eine Weile so stehen, bis das Licht den Raum mit einer anderen Farbe ausgekleidet hatte.

Ich grüßte ihn unbeholfen, erklärte, dass ich nicht schlafen konnte und nicht allein war. Ich brauche euch ja nicht mehr gegenseitig vorzustellen, setzte ich in einem Tonfall hinzu, der keine Fragen offenließ. Thomas begriff nichts und machte immer noch ein entgeistertes Gesicht.

Der Soldat wechselte ein paar Blicke mit der Botanikerin, die im Flur stand und eine Schale mit Seeigeln in der Hand hielt. Sie kehrte mit einer Schüssel voller Blütenblätter zurück und bot sie den Anwesenden an. Der Soldat nahm sich eine Handvoll, goss Milch darüber und aß teilnahmslos, während die Botanikerin einige Blütenblätter in Birkensaft frittierte.

Thomas setzte sich an den Tisch, sein Blick war leer wie eine Eisscholle, nachdem ein Schwertwal sich einen Pinguin runtergeschnappt hat.

## 53.

Ich weiß nicht, wie Thomas das erlebt hat, ja, ob er es im morgendlichen Dickicht wirklich erlebt hat, aber wir standen beide auf, ohne den anderen anzusehen, und verschwanden in unserem Tag. Ich hatte einen Termin für die Elektrodenuntersuchung.

Ich wusste nicht, worin sie bestand, aber sie war Teil des Verfahrens zur Feststellung, ob ich ein Anrecht auf ein Implantat hatte.

Die Untersuchung fand im Krankenhaus statt. Ich traf Babinski wieder, auf dem Stockwerk mit den Audiogrammen, wo der Soldat mir zum ersten Mal erschienen war – er zwinkerte mir mit seinem verwüsteten Gesicht ziemlich fies zu.

Im Wartegang waren alle Klänge gedämpft, als hätten sie weite, karge und feindliche Regionen durchqueren müssen, um erschöpft, blutleer und abgezehrt bis zu mir vorzudringen. Ich nahm von ihnen bestenfalls ein gleichbleibendes Röcheln wahr.

Das Krankenhaus hatte von einem Krankenhaus nur das, was die Bilder mir preisgaben, weiße Kittel begegneten einander in den grünen Gängen, Türen öffneten und schlossen sich, die Patienten sperrten die Augen auf, um nicht zu verpassen, weshalb sie eigentlich da waren, standen auf, humpelten hinter den Kitteln her und verschwanden wieder hinter meinen Lidern.

Eine junge Frau, von der ich den Eindruck hatte, dass sie nach einer finsteren Karriere als Totengräberin gerade eine Umschulung machte, baute sich vor der Reihe aus Patienten auf, und irgendwann erhob ich mich, unterbrach sie und sagte meinen Namen. Zum Glück war ich wohl gerade dran.

Sie bat mich in einen Raum, der aussah wie die Kulisse eines Dokumentarfilms über die Fortschritte der Medizin, und platzierte mich auf einem von lauter Maschinen gerahmten Bett. Die junge Assistenzärztin forderte mich mit ungeschickten Gesten auf, mein Hörgerät abzunehmen, und befestigte Elektroden auf meiner Brust, hinter meinen Ohrläppchen und auf meiner Stirn.

Ich spürte die elektrischen Ströme. Ich spürte eine Wärme, als würde man unter meiner Haut ein Streichholz anreißen. Dann hörte ich ein langes Pfeifen. Ich dachte an die Stromschläge, mit denen man Kriegstraumatisierte behandelte. Hinter meinen Lidern sah ich den Soldaten, der mit geschlossenen Augen die Zähne zusammenbiss, den Körper gespannt wie ein Bogen.

Die Untersuchung war beendet, die junge Assistenzärztin sah sich die Ergebnisse auf dem Bildschirm an, und eine andere, etwas ältere Frau kam zu ihr. Sie nahmen mir die Elektroden ab und unterhielten sich dabei. Ich bat um ein Stück Papier, mit dem ich mir das Gel abwischen konnte, das sie auf mir verstrichen hatte und das nach Verbranntem roch.

Was hatte man in mir verbrannt? Erinnerungen? Wie in den Szenarien, von denen Anna mir erzählte? Verbrannte man die Erinnerung an die Klänge, mit denen ich aufgewachsen war, wie abgestorbene, im Winter erstarrte Blumenzwiebeln? Was verbrannte man in mir?

Ich steckte noch mitten in diesen Fragen, als die Frau sich an mich wandte:

»Sie brauchen ein Implantat.«

Angesichts meines Schweigens wiederholte sie: »Sie brauchen ein Implantat«, mit einem starken Akzent, einem osteuropäischen schien mir, aber es hätte ebenso gut ein burgundischer Dialekt sein können.

Ich erkundigte mich, was das für eine Untersuchung gewesen war und was sie zum Ergebnis hatte.

Ihre Lippen forcierten die Bewegungen, sie artikulierte einfache Wörter: »Sie sind schwerhörig, stark schwerhörig.

Hier wird gemessen.

Beim Audiogramm antworten Sie.

Jetzt war es die Maschine.«

Sie deutete auf die Zeichnungen auf dem Bildschirm, sie sahen aus wie Verzeichnisse einer steinigen Ebene. Der alte PC präsentierte die Ergebnisse in verschiedenen Fenstern mit grünen Mustern auf schwarzem Hintergrund. Sie ähnelten Satellitenaufnahmen vom Mond und zeigten vor allem kleine Krater.

»Aber inwiefern bringt uns das weiter?«, fragte ich.

»Sie sind schwerhörig. Das sagt uns die Maschine.«

Ich nickte enttäuscht: »Das weiß ich aber schon.«

Während sie die Studien der Mondlandschaft in einen Umschlag schob, tobte ich innerlich: Zweihundert Jahre technischer Fortschritt, um mir etwas zu erklären, was ich schon immer wusste.

## 54.

Ich hatte Angst. Das Implantat war eine kalte und bittere Technologie – »Warum bitter?« –, die einen Teil von mir ersetzen, mich in eine andere Welt, ein anderes Leben, das nicht meines war, katapultieren sollte. – »Aber du wirst immer noch du sein.«

Der Logopäde sagte: »Mit einem Implantat wird es *anders*.«

Was aber sollte das bedeuten?

*Anders*.

Ich merkte, je länger ich darüber nachdachte, dass dieses Wort überall war: auf sämtlichen Werbeplakaten, von Slipeinlagen bis zum Whisky, säumte es den Alltag, blieb aber unverändert geheimnisvoll.

Würde ich die Stimme meiner Mutter erkennen, Thomas' Stimme, Annas und meine?

Die Vorstellung, meine eigene Stimme nicht zu erkennen, stürzte mich in eine nachhaltige Verblüffung. Mich plagte eine tiefsitzende Angst vor einer Persönlichkeitsspaltung. Ich stellte mir vor, wie ich mich als fremde Stimme wahrnahm, von einer anderen beseelt, innerlich zerrissen; als wären Jahrhunderte in einer Straße vergangen, ohne dass sie sichtbare, greifbare Spuren hinterlassen hätten.

Ich wäre Teil eines Science-Fiction-Szenarios, in dem die Welt gleichzeitig dieselbe geblieben und eine *andere* ist. Ich würde meine Mutter anschauen und mich fragen, ob es sich womöglich um eine Maschine handelte, die es Maman zu nennen galt. Ich stellte mir vor, wie ich mich aus der Zukunft »Maman« sagen hörte.

»Aber du wirst hören können.«

Und wenn ich so nicht hören will, kann ich mich dann selbst ablehnen?

Ich würde das Implantat nicht mehr herausnehmen können, mein Ohr würde rundum mit Metall ausgekleidet sein.

Ich würde keine natürliche Cochlea mehr haben, sondern einen Fremdkörper.

Ich würde mich in einem pechdichten Nebel befinden, und das Ganze würde sich die Welt nennen.

»Du übertreibst.«

Ich schaltete mich aus, meine Mutter redete weiter, meine Augen flohen ihre Lippen.

Und falls es funktionierte?

Würde ich dann tatsächlich auch Lust haben, Mannschaftssport zu treiben, mir zubrüllen zu lassen »Mann ey, der Ball!«, in Kneipen Smalltalk zu betreiben, eine Karriere im Marketing hinzulegen, so ungezwungen wie Cathy+ das Telefon zu beantworten, Teams zu managen, bei Brainstormings mitzumachen, Verantwortung zu übernehmen, mir Filme in der Originalfassung anzusehen?

Das wäre nicht glaubwürdig. Als würde das Implantat fünfundzwanzig Jahre soziale Konstruktion zunichtemachen, den identitären Bruch zementieren.

Ich würde nicht grundlegend anders sein. Nein, auch

mit einem Implantat wäre ich nicht *leistungsfähiger*, also sagte ich:

»Lasst mich so, es geht mir ja gar nicht so schlecht.«

»Aber Louise, du stehst kurz vor einer Depression.«

## 55.

Meine Mutter war der tote Arm der Beunruhigung.

»Du meckerst, wenn der Zahnarzt deine Karies mit Aluminium versorgt, und du willst nicht verstehen, dass ich mich weigere, mir Metall ins Ohr und in den Schädel einsetzen zu lassen.«

»Aber so kann es ja auch nicht weitergehen, was sollen wir denn machen, wenn wir nicht mehr mit dir sprechen können?«

Ich sah, wie sie auf dem Kontinent der Hörenden bedauerte, mich zu den insularen Gehörlosen abdriften zu sehen.

»Du wirst die Gebärdensprache lernen«, erwiderte ich ihren tränenverschleierten Augen.

Ich glaube, ich provozierte sie, um mich selbst zu provozieren.

Auf dem Kontinent wären meine Familie, Thomas, Anna, die Kollegen, die ganze Welt. Ich würde mich von der heulenden Meute trennen, sie ihrer wirtschaftlich-sozialen Besessenheit überlassen und zunächst allein an Bord eines Kahns segeln, den ich mir aus meinem Mut gezimmert hätte und der nur dank meiner Willensstärke schwimmen würde, ich würde die wogenden Fluten des Schweigens durchqueren, einsam wie ein Robinson auf der Flucht vor der Zivilisation, nackt und nur gerüstet mit meiner Hartnäckigkeit, meine schmächtigen Muskeln in die Finsternis reckend.

Nach etlichen Nächten und Tagen werde ich mich an diese neue Landschaft ohne Relief gewöhnen. Ich werde Gefallen daran finden, das Licht wird schöner sein, und alles wird funkeln in der Stille, die Welt bekommt einen neuen Glanz. Endlich wäre ich bereit, anzulegen an taubem Land. Eine kleine Gemeinschaft insularer Gehörloser wird mich willkommen heißen, wir verständigen uns in der Blumen-Sprache.

»Louise, das kannst du mir nicht antun.«

Sie hatte so laut gesprochen, dass mich ihre Worte erreichten.

Jammernd kehrte sie mir den Rücken zu, ertränkte ihre Verzweiflung in mechanischen Gesten, als würde die Welt, während sie die Tischdecke glättete, wieder zu jener gleichmäßigen, bequemen Zone, in der meine Mutter es sich bequem machen konnte.

Wir verschlossen uns in der undurchdringlichen, schweigenden Bitternis des Unverständnisses, jenem dichten Wald, durch den wir, gestützt auf unsere Ängstlichkeit, beide irrten.

## 56.

»Du stehst kurz vor einer Depression.« Dieser Satz meiner Mutter fiel mir wieder ein, als Thomas in der Pfanne Zwiebeln anbriet. Ich blätterte durch mein Klangherbarium, um das Geräusch der im Fett brutzelnden Scheibchen wiederzufinden, und las:

Wohnung
Lateinischer Name: *cepe frixum*
Gebrauchsname: gebratene Zwiebeln
Breitengrad: 48.866667
Längengrad: 2.333333
Getuschel betrunkener Kaninchen.

Mit dieser imaginären Tonspur hatte ich wieder das Gefühl, in die Tage, Stunden, Sekunden eingehüllt zu sein, in eine mit den anderen geteilte Raum-Zeit, die sich »Alltag« nannte. Ich dachte an jene vergangene Epoche von meiner Insel der Stille aus, einer Schwebe, wo der Raum einzig vom Wind bewohnt wurde.

Ich schloss die Augen, und Thomas' Muschelrücken, sein von schwarzen Locken gerahmtes Gesicht, das die Pfanne und die Zwiebeln überragte, verschwand.

Das Wort Depression, das meine Mutter ausgesprochen

hatte, schwemmte die Bilder von meinem Nachbarn an, von seiner im Dunkeln verborgenen Silhouette unter der schwarzen, mit lauter kreischenden Affen gefüllten Tasche.

Ich sah ihn von meinem Fenster aus. Seit ein paar Wochen schlief er fast nie oder nur zu den unmöglichsten Stunden, ich wusste es nicht genau, und wenn ich ihn im Hof traf, blieb er hinter der unüberwindlichen, finsteren Mauer der Schläfrigkeit verschanzt.

Gelegentlich schien er innerlich zusammenzuzucken, was ich seiner Angst zuschrieb, die von der Wirklichkeit bewohnten Regionen durchqueren zu müssen.

Ich spürte Zirrus' Fell an meinen Waden und sah durch einen Spalt der Küchentür die über ihr Mikroskop gebeugte Botanikerin. Ich konnte ihre grobporige Haut betrachten, die sich Tag für Tag noch weiter mit braunen, rindenfarbenen Flecken überzog.

Thomas setzte sich mir gegenüber und fragte mich übertrieben artikulierend, ob ich müde sei, ich antwortete: »Darf ich das nicht? Bin ich vielleicht kein Mensch?«

Am liebsten wäre ich Thomas an die Gurgel gesprungen, hätte Säure aus dem Fenster gekippt, mit einer Bazooka in die Wolken geschossen, eine Granate in den Blumenladen geschmissen, den Hund in der Mikrowelle implodieren lassen.

Thomas erhob sich schwerfällig und ging ins Bad.

Was machte er da wohl, während ich so verzweifelt war? Ich lugte durch den Türspalt. Ich war darauf gefasst, ihn ratlos vor seinem Spiegelbild stehen zu sehen, zu sehen, wie er sich Wasser ins Gesicht spritzte, um die Situation zu überdenken, aber nein, Thomas stand vor dem Waschbecken und putzte.

Linke Hand: greift nach dem Wasserglas – rechte Hand: Schwammbewegungen im Uhrzeigersinn – Absetzen des funkelnden Wasserglases – Befeuchten des Schwamms – Scheuern des Abflussstopfens – sparsames Gesten- und Raummanagement – Kippbewegung des Beckens: zur Schonung des Rückens.

Das war so grotesk, als würde Thomas mitten auf einem Schlachtfeld putzen und inmitten der Toten die Mantras der Persönlichkeitsentwicklung rezitieren.

In diesem Moment wusste ich, dass Thomas mir helfen würde, als funktionales, vernünftiges Objekt wiedergeboren zu werden.

# 57.

»Es gibt keine Wahrheit, die Wirklichkeit ist schwankend, daran musst du dich gewöhnen, Louise!«

Ich mochte es nicht, wenn man meinen Namen aussprach.

Louise hier und Louise dort: Thomas versuchte mir zu erklären, dass ich mein Klangherbarium aufgeben solle. Er war überzeugt, dass ich mich von dieser Nostalgie befreien müsse. Er hatte es satt, mich in meinen Heften nach der Wirklichkeit des Lebens fahnden, mich in meinem Zimmer verschwinden zu sehen, damit ich ausgehend von Einträgen wie »Gewitter« + »Thomas' Stimme« + »Gebratene Zwiebeln« + »Motorrad« + »Telefonläuten« Klangatmosphären heraufbeschwören konnte.

Im grellen Neonlicht der Küche hielt er mir mit weit geöffnetem Mund eine lange Rede – fast konnte ich seine Zähne zählen: 31.

»Man weiß doch noch nicht einmal, was genau die Wirklichkeit ist. Wenn ich sage, dass dieses Stück Fenster blau ist«, er deutete mit dem Finger auf die Dachgaube in der Küche und wartete auf meine Zustimmung, »sage ich eine Wahrheit. Aber das ist nur eine Halbwahrheit, also eine Lüge.«

Stopp – Kopfnicken meinerseits.

»Dieses Stück Fenster ist nicht allein, es befindet sich in einem Gebäude, in einer Stadt, in einer Landschaft.«

Stopp – Kopfnicken meinerseits.

»Es ist umgeben vom Grau dieser Betonwände, vom Blau des Himmels, von den Wolken und vielen anderen Dingen.«

Stopp – Kopfnicken meinerseits.

»Und wenn ich nicht alles, absolut alles sage, lüge ich. Aber alles zu sagen ist unmöglich, selbst im Falle dieses Fensters, dieses Fragments der physischen Wirklichkeit.«

Stopp – Kopfnicken meinerseits. Doch worauf wollte er hinaus? Mein Konzentrationsvermögen begann merklich nachzulassen.

»Die Wirklichkeit kennt keine Grenzen, und wenn ich nur eine Sache vergesse, lüge ich schon.«

Stopp – Kopfnicken meinerseits.

»Für die Menschen verändert sich diese Wirklichkeit ständig.«

»Ja«, sagte ich.

»Wir sind jetzt schon nicht mehr das, was wir eben waren.«

Ich erinnerte mich an meine Enttäuschung vorhin, an meine Wut, und tatsächlich war ich nicht mehr dieselbe.

Seine gewittergrauen Augen weiteten sich, seine Arme bildeten über mir einen Kreisbogen, seine Finger spreizten sich. Bei dieser Geste meinte ich, die nun folgenden Worte seien ein Aufschrei:

»Vergiss, wie du früher gehört hast. Die Wirklichkeit ist das, was du mit dem Implantat hörst!«

## 58.

Ich musste glauben können, dass ich die Wahl hatte.

Zuerst wollte ich mich bei den Gehörlosen umschauen, wollte sehen, wie sie so waren, ob ich mich zu ihnen gesellen könnte, anstatt mir ein Implantat einsetzen zu lassen.

Ich nahm an einem Gebärdensprachen-Kurs teil, den ein schwerhöriger Lehrer in einem Verein zur Förderung dieser Kultur gab.

Der Lehrer war hochgradig schwerhörig, wir durften auf keinen Fall unsere Münder benutzen, nur Hände und Mimik. Wir waren unglaublich ungelenk, unsere Finger klebten aneinander, unsere Gesten waren langsam, immer wieder mussten wir von vorne anfangen. Wir glichen ungeschickten, frustrierten, womöglich sogar ein bisschen schwachsinnigen Kindern, während wir ebenso fantasielos wie plump versuchten, die Idee in ein Zeichen zu verwandeln.

Plötzlich kippte ein Stuhl um, der Lehrer und ich reagierten gleichzeitig: eine Sekunde nach den vier hörenden Schülern. Dieses winzige Ereignis machte mir bewusst, dass wir die gleichen akustischen Voraussetzungen hatten.

»Ohne meinen Apparat höre ich so wie du«, bedeutete ich ihm mit Zeichen, so gut ich konnte.

»Vielleicht«, erwiderte er, »aber du bist eine Hörende, du warst auf einer Schule für Hörende. Ich bin gehörlos, ich benutze die Gebärdensprache von Kindheit an, wir werden nie gleich sein.«

In Wirklichkeit sah unser Dialog eher so aus:

»Wenn kein Apparat, ich hören wie du«, und er: »Vielleicht, aber du Hörende, du sprechen, ich gehörlos. Anders. Warum? Du Schule Hörende, ich Schule Gehörlose. Ich Zeichen Kind.«

An der Art, wie er »anders« in Gebärdensprache ausdrückte, mit dem Finger betont auf den anderen deutete und die Arabeske seines rechten Zeigefingers mit einem Schulterzucken begleitete, spürte ich eine gewisse Verachtung. Er gab mir deutlich zu verstehen, dass wir getrennten Welten angehörten: er der Welt der Gehörlosen, die sich der Gebärdensprache bedienen, ich der der »sprechenden Oralisten«.

In seinen Augen war ich eine Abtrünnige.

Dabei hatte ich ihm zu erklären versucht, dass ich *vollständig* taub sein würde, hörbeeinträchtigter als er, doch ich hatte den Eindruck, dass mein Argument seinen Kastenstolz nur noch steigerte. Er hasste alle Neuankömmlinge oder solche, die in vorgerücktem Alter zu ihrer Gemeinschaft stießen. Ich war nicht mit einer verbotenen Sprache aufgewachsen, war aber gezwungen gewesen zu »oralisieren«, und nichts geht über die kindliche Prägung.

Die Gehörlosen machten sich im Übrigen über die »sprechenden Oralisten« mit ihren affenähnlichen Grimassen lustig. Unsere unschönen Münder hatten keinerlei Überzeugungskraft, während ihre Zeichen unzählige Bilder heraufbeschworen.

Die Kreativität der Gebärdensprache, die Wahrnehmung von Körper und Raum kollidierten mit den Zwängen der französischen Sprache. Unterstützt von einfachen zeitlichen Markern, wurden in ihren von der starren Grammatik befreiten Erzählungen Geschichte, Personen und Eigenschaften so lebendig, dass wir daneben ganz ungelenk wirkten. Wir wurden uns unserer verschlossenen Gesichter bewusst, unserer von Jahren der mündlichen Sprache plump gewordenen Körper. Wir waren so überzeugt davon, dass wir im Chor das Elend der Münder und Vokalisen, die Schwerfälligkeit der Sätze beklagten.

Der Lehrer forderte uns zu Rollenspielen auf, in denen wir uns mitten im Sturm auf offener See befanden und, um zu überleben, jemanden ins Wasser stoßen mussten. Alle behielten einen Gehörlosen an Bord, denn in der Dünung und im Wind erschienen uns allein die Gebärdensprache und das geübte Auge des Tauben unverzichtbar.

»Du hast nicht das richtige Lager gewählt«, sagte der Lehrer lachend zu mir.

Das Zeichen für »wählen« mimte etwas, das man zufällig herauspickt, und stellte perfekt jenes Gefühl dar, dass mich eine unsichtbare Hand aus dem Unbestimmten gezogen hatte, um über meinen jetzigen Aufenthaltsort zu entscheiden: die Welt der Hörenden.

»Aber ich habe nicht gewählt«, versuchte ich ihn zu überzeugen.

Die Hand des Wortes »wählen« war die der zahlreichen Generationen, die sich sämtlich die Anpassung ihrer Angehörigen an die Norm, die Norm der französischen Sprache, gewünscht hatten. »Am Anfang war das Wort«, dieses Diktum hatte die Oralisten geprägt, die »sprechenden Münder«, die reglosen Körper und unbeteiligten Gesichter, daher all die Stunden beim Logopäden, um mühsam von den Lippen lesen und die Wörter an ihrem Klang wiedererkennen zu können, das Gehör zu schärfen; Stunden, um an der Stimme zu schleifen und normal zu wirken; Stunden, um das Vokabular zu erlernen, die Grammatik tadellos zu beherrschen, alles nur, um sich nicht in einer Kategorie einzukapseln, der ich nicht angehörte – den Gehörlosen –, und als eine zu erscheinen, die ich nun wirklich nicht war.

»Du bist mit ›denen‹ zu der geworden, die du jetzt bist«, fügte der Lehrer hinzu.

Dabei hatte ich nicht das Gefühl, an der Welt der Hörenden teilzuhaben.

Er machte eine andere Geste, bei der die flache Hand an die Stirn gepresst wird und Zeigefinger und Daumen gegeneinanderschnippen: Ich lernte das Wort »Leugnen« in der Gebärdensprache. Ich hatte die Schwerhörige, die ich schamerfüllt tief in mir verbarg, aus meinem Bewusstsein katapultiert.

Ich war mit meinen Überlegungen gerade an diesem Punkt angelangt, als eine Diskussion aufkam: Die schwerhörigen Lehrer luden uns ein, mit ihnen gegen die überhandnehmende Praxis der Implantate zu demonstrieren. Der Staat hatte die vollständige Kostenübernahme für die äußerst hochpreisigen Implantate bei Säuglingen in die Wege geleitet, und die Schwerhörigen sahen darin eine Bedrohung ihrer Kultur, gewissermaßen die Fortführung einer diskriminierenden Politik.

Meine Unsicherheit bezüglich des Implantats wurde dadurch noch größer. Wo wäre dann mein Platz? Wer war ich wirklich? Die Vorstellung meines Ichs dehnte und wandelte sich, dieses *etwas*, das ich war, beschränkte sich künftig auf meine persönlichen Daten, auf das, was in meinem Personalausweis geschrieben stand:

Louise F., geboren am 21. Juni 1990 in Champigny-sur-Marne, Augen: braun, Größe: 1,63 m. Unterschrift des Präfekts Malbranche.

Das war das einzig verlässliche Element dieses *etwas*, das ich war.

## 59.

Als ich wieder zuhause war, zeigte die Botanikerin mir ihr letztes Fundstück: die schaumige Narzisse.

Die Besonderheit dieser miraginären Pflanze bestand in ihrem fehlenden Blütensystem. Es wurde von einer aufschäumenden Bitternis verhindert.

»Die Gischt spielt die gleiche Rolle wie ein Enzym, sie zerstört die endogenen Entitäten der Narzisse. Die schaumige Narzisse ist mithin außerstande, sich als Blume auszubilden und das Ökosystem zu bewohnen.«

## 60.

Meine Mutter lud mich zum Abendessen ein und setzte in der Küche ihr ernstes Gesicht auf. Als Kind hatte ich es für eine geheime Maske gehalten.

Diese ernste Miene bedeutete mir, dass ich mich besonders eingehend konzentrieren musste, um zu lesen, was sie mir zu sagen hätte. Ich hasste es, zur Geisel dieser wichtigen Sätze zu werden. Ich musste alle meine Kräfte aufbieten, damit sie nichts zu wiederholen brauchte, wenn ich verhindern wollte, dass ihre Augen sich mit Tränen füllten. Sobald meine Mutter so schaute, leuchteten sämtliche Warnblinker, und meine Schwerhörigkeit hatte sich gefälligst am Riemen zu reißen.

Ich stellte mich vor sie, ganz mittig vor ihr asymmetrisches Gesicht. Ich konnte sehen, wie sich ihre Nasenlöcher vor Aufregung blähten. Dann runzelte meine Mutter die Stirn, ein Anzeichen dafür, dass bald die Wörter hervorsprudeln würden. Die Küche war das Auffangbecken für den bedeutungsschweren Satz meiner Mutter, und selbst die in der Luft schwebenden Staubpartikel fingen das Licht ein wie Glühwürmchen, um ihre Lippen zu erhellen. All meine Organe hingen an dem, was sie gleich sagen würde. Die Oberlippe hob sich, ihre Nasenlöcher verengten sich beim Einatmen.

»Du solltest«, ihre Lippen öffneten sich leicht, mit Sicherheit würden ein paar *ns*, *is* oder *as* folgen, und so hart wie ihre Zunge an die Zähne stieß, kamen offenbar auch Konsonanten wie *t* oder *d* vor, ihre Lippen zitterten nervös, sodass die Wörter weniger deutlich gebildet wurden, doch immerhin gelang mir die Ableitung des Wörtchens »nie«, »ein Implantat einsetzen lassen.«

Das Wort »Implantat«, in drei Teilen hervorgebracht – eine schnelle erste Silbe, kurzes, abgehacktes Einatmen, ein trockener Schlag, die beim *p* aufeinanderprallenden Lippen, ein Blick auf den blau geäderten Zungenrücken, rasches Ausatmen der zweiten Silbe, dann die beiden, mit der Zungenspitze am Gaumen abgeschossenen *ts* – las ich überall und ständig, und fürchtete es. Es löste einen eisigen Wasserfall in meinem Nacken aus, ergoss sich stromschnellenartig zwischen meine Gedanken.

Meine Mutter sah mich unverwandt an und wartete ungeduldig auf meine Reaktion, ihre Finger fuhren durch ihr Haar, zerrten an ihrer Kette, webten an der Spannung zwischen ihr, dem Satz und mir.

»Du solltest dir nie ein Implantat einsetzen lassen.«

Meine Mutter war eine Egoistin, von widersprüchlichen Forderungen getrieben, war sie nie über das Stadium hinausgekommen, in dem das Kind nur als Verlängerung ihrer selbst existierte. Alles, was mir widerfuhr, stellte die Harmonie unserer Bindung in Frage. Das war es, was ich dachte und ihren fragenden Augen und geschlossenen Lippen nicht sagen konnte.

Natürlich würde ich mir ein Implantat einsetzen lassen. Ich würde ihr Implantatkind mit dem Stöpsel im Schädel sein, ein humanoider Roboter.

»Doch, Mama, ich werde mir ein Implantat einsetzen

lassen!«, brachte ich hervor. Die Wörter drängten aus meiner Kehle. Sie taten mir weh, kamen bläulich und bange heraus.

Meine Mutter hielt in all ihren Gesten inne. Ihre Arme ähnelten den Vorderbeinen einer Gottesanbeterin, ihr Kopf verharrte im Dreiviertelprofil, ihr rechtes, rundes Auge starrte mich an, während das andere sich hinter ihrem Nasenrücken versteckte und versuchte, die Situation besser in den Blick zu bekommen.

Ich vollführte eine Bewegung, ich weiß nicht genau, welche, aber der Stuhl kippte um, in meiner Verunsicherung konnte ich meine Glieder nicht mehr richtig koordinieren. Ich öffnete den Mund. Sie stürzte sich auf mich.

»Louise, du hast nicht verstanden!«

Das wiederum war einfach zu verstehen und überflüssig zu sagen.

Sie packte mich am Handgelenk, stellte sich vor mich, wiederholte ihre Worte und gab mir zu verstehen, dass ich ihr nachsprechen sollte. Ich spürte den Druck ihrer Hand auf meinem Handgelenk, und wir zitterten beide, ich fühlte mich so verletzlich, und ich fühlte, wie wehrlos sie war.

»Ich habe gesagt.«

»Du hast gesagt.«

»Du solltest.«

»Ich sollte.«

»Andere Leute.«

»Andere Leute.«

Meine Mutter nickte.

»Mit einem Implantat treffen.«

Ich ergänzte und vollendete ihren Satz.

Erleichtert sahen wir uns an.

# 61.

Meine Kräfte zerschellten an allen möglichen Missverständnissen. Jedes unverstandene Wort wurde zu einer weiteren Ungerechtigkeit. Wie sehr ich auch den Hals reckte, meine Augen auf die Lippen heftete, meine Lider aufsperrte, meinen internen Lexikografen polierte, mir Mut zusprach und immer wieder sagte: »Gleich hast du ihn, diesen Satz« – das Scheitern überflutete mein Leben.

Die Welt war viel zu schwankend, Köpfe und Hände bewegten sich ständig, ließen die Lektüre auf den Lippen verschwimmen.

Vor allem aber war da das Tagesende.

Das hasste ich besonders.

Mit ihm verblasste die Form der Gesichter, verschwand in eine zweidimensionale Welt, und die Leute redeten und prusteten immer weiter im schwindenden Tag.

Das Licht war mein Verbündeter, es erlaubte mir, die Lippen- und Zungenbewegungen in all ihren Feinheiten zu erkennen; im Halbdunkel verlor sich das Relief der Wörter, es blieb nur das grobe Gerippe: offene Münder, geschlossene Münder, sonst nichts.

Schon nachmittags kroch die Angst in mir hoch. Ich warf besorgte Blicke zum Himmel und der drohenden Nacht. Panisch beobachtete ich die Menschen um mich herum, fühlte mich in ihrer Kommunikation gefangen. Ich versuchte, mich aus dem Einfluss ihrer Münder zu befreien. Ich wollte wegrennen, nach Hause, aber ich musste noch warten und höflich meine Kollegen anlächeln, die dann, wie ich, gegen Tagesende aufbrachen und Richtung Bus oder Metro schlenderten.

Zufrieden mit ihrem Tag, tönten und kicherten sie laut in der Abenddämmerung, plauderten, riefen sich gegenseitig etwas zu, und ich fühlte die Fragen an meinen Schultern abprallen, das Lachen meine Eingeweide durchbohren.

Ich zitterte unter den beleidigten oder gleichgültigen Blicken. Manchmal gezwungen, an ihrer angeblich ansteckenden Fröhlichkeit teilzuhaben, gab ich falsche Antworten, redete über Kompotte, Bergamotte, Fagotte, riss übertrieben den Mund auf, um mit ihnen zu lachen, und rief »na klar«, während sich ringsherum alles verdüsterte.

Tag für Tag öffnete sich diese Kluft, bevor die Straßenbeleuchtung eingeschaltet wurde. Ein paar träge Minuten lang zitterten und flackerten die Neonröhren, bis sie mir Satzstücke erhellten, die ich herausfischte, solange ich noch die Kraft zum Zusammensetzen des Puzzles hatte.

»Vergiss nicht das Brot, Louise!«

»Vergiss nicht das Boot, Louise!«

»Vergiss nicht den Tod, Louise!«

Aber es konnte auch heißen:

»Vergiss nicht Karton Etui!«

Ich zögerte zwischen: »Versprochen!«, »Keine Sorge!« oder dem ständigen »Was?«, aber ich hatte keine Lust mehr, es auszusprechen.

Ich hatte es schon viel zu oft gesagt.

Und überhaupt waren sie inzwischen weg.

## 62.

Ich musste erneut das Gebäude Babinski aufsuchen, um ein Gespräch über die präoperative Auswertung vom Audiogramm des Hörtests zu führen. In der Metro brachen die Stimmen an meiner Haut. Meine Haut blähte sich beim Anblick der Münder und verwandelte sich in eine dornige Hecke, wenn ich ihren Atem meine Unterarme und mein Gesicht streifen spürte.

Ich verknüpfte die Menschen mit Sandstürmen. Die Straßen der Stadt waren zu einem Tal des Todes geworden, und ich bewegte mich darin wie ein schildbewehrter Körper, um dem warmen Atem und ihren Klangböen auszuweichen.

Die Münder waren kleine, bewegliche Monster geworden, deren Gliedmaßen aus der Zunge – ein mehr oder weniger spitzer, mehr oder weniger rosafarbener Kopf –, dem Gaumensegel – gewellte Haare, die nur selten zu sehen waren – und dem Zäpfchen bestanden – jenem schwebenden, überreizten Gehirn, das von den Stößen extremer Vokale wie *i*, *u*, *a* manchmal zitterte.

Während ich im Gang auf das Gespräch wartete und die zu einem *i* verzogenen Mundwinkel sah, die falschen lachenden Augen, die der Bewegung folgten, malte ich mir die hohen Frequenzen aus. Der begleitende Konsonant ließ mal die Lippen aufeinanderprallen wie ein Paar Becken, mal zerknitterte er die zahlreichen senkrechten Falten dieser so besonderen Haut.

Beim langen Warten im HNO-Gang hatte ich eine Theorie über das Verhältnis zwischen Lippenoberfläche und Form der Zähne entwickelt. Mir war aufgefallen, dass glatte, rote Lippen auf »offensive«, spitze und gezackte Zähne schließen ließen, während samtige, mit einem fast haarigen Schleier überzogene Lippen ein »sanftes« Gebiss mit abgerundeten Zähnen und glänzendem Emaille preisgaben. Der zweite Teil meiner Theorie gründete auf dem, was ich für ein seit Urzeiten geltendes allgemeines Gesetz hielt: um zu überleben, immer so tun, als ob man jemand anders sei. Die Verletzlichkeit der ungeschützten, nackten Lippen verbarg die Grausamkeit der Zähne, während volle, von einem weißen Flaum geschützte Lippen empfindliche Zähne verdeckten, die eigentlich nur Attrappe waren. Dem Menschen standen diverse Techniken zur Verfügung, um seine Mitmenschen zu besänftigen, und ich wohnte von Mund zu Mund dieser gigantischen Maskerade bei.

Allerdings konnte ich sie nie vermeiden, Münder waren überall.

Waren die Lippen verschlossen, hatte ich panische Angst, sie könnten sich öffnen.

Ich wollte alle diese Münder zukleben.

Vor den Schwierigkeiten, die sie mir stellten, davonlaufen.

Ich war die Letzte auf der Bank im Gang, als ein Mann mich holen kam. Ich folgte seinen grünen Crocs.

Er fragte mich, ob es mir gut gehe und die präoperative Auswertung problemlos verlaufen sei.

Er hatte eine klangvolle, sonore und hohe Stimme. Seine schmalen Lippen waren absolut symmetrisch.

Von seinen Lippen zu lesen, ähnelte einer Partie Tetris in Zeitlupe.

Nachdem er sich vergewissert hatte, dass ich ihn gut verstand, erläuterte er mir, weshalb man mit dem Implantat nicht lange warten durfte, wenn man gerade in eine starke Gehörlosigkeit abglitt.

»Die vorher für das Hören zuständigen Neuronen spezialisieren sich dank der Plastizität des Gehirns sonst schnell auf andere Sinne wie das Sehen, Riechen oder Fühlen.«

Ich stellte mir mein Gehirn wie eine riesige Schutthalde für recycelte Neuronen vor.

Langsam fuhr er fort:

»Die Gehörlosigkeit tritt ein, wenn die Sinneshaarzellen beschädigt sind und die Neuronen nicht mehr stimulieren. Wenn sie nicht mehr regelmäßig stimuliert werden, verkümmern die Neuronen, die normalerweise die Signale erhalten, sie sterben ab.«

Ich nickte: Mein Gehirn hatte sich in ein großes Siechenhaus verwandelt.

»Doch sogar im Falle eines kompletten Hörverlusts und vor allem, wenn dieser erst vor Kurzem eingetreten ist, überleben zum Glück manche dieser Neuronen und bleiben weiterhin mit der Rezeptionszone des Cochleakerns verbunden. Wenn der Strom der implantierten Elektroden Aktionspotenziale in den überlebenden Neuronen auslöst, kann das Gehör wiederhergestellt werden.«

Ich sei eine ausgezeichnete Kandidatin: Meine Gehörneuronen seien aktiv und ich selbst noch jung.

Dementsprechend forderte er mich auf, ernsthaft über eine Lösung mit Cochlea-Implantat nachzudenken.

Die Entscheidung verlange keinen Aufschub.

Natürlich könne ich ihm Fragen stellen.

Aber ich hatte nichts zu sagen.

Ich hatte nur einen Wunsch: Ich sehnte mich auf den Gipfel des Himalayas, allein, mit einer Dose Thunfisch.

## 63.

Die Erfahrungsberichte im Internet der zukünftigen Implantatträger erwähnten durchweg eine entsetzliche Müdigkeit, die sie in der Phase vor der Entscheidungsfindung überkommen hatte.

Sie wären alle an einem absoluten Tiefpunkt angelangt.

## 64.

Das Licht blendete mich. Die Kälte hatte die Mauern des Innenhofs weiß überzogen, und Thomas' Augen verfärbten sich schwarz. Die Aussicht, den ganzen Tag lang an den Wörtern abzuprallen, ließ meine Organe rosten. Ich wollte einfach hier innehalten, wollte, dass mich alle vergessen, angefangen bei mir selbst. Thomas' Hand zog mich weiter wie eine Leine, bis wir beide den Schritt verlangsamten, als würde irgendwo ein wildes Tier schlafen.

Der Nachbar saß auf der Bank im Hof, und ich sah wieder die Affen in seiner Mähne. Seine segelbootähnlichen Augen strandeten in meiner Richtung, und ich fühlte die Trägheitskraft auf mich überspringen. Es gab nichts anderes als den Amboss des Blickes, keinen einzigen Funken. Thomas riss mich aus meiner Reglosigkeit, ich spürte, wie seine schwitzenden Finger von meiner Hand abrutschten, wie sich sein Nacken versteifte. Er schritt voran, um dem düsteren Bild zu entfliehen.

Ich holte ihn ein, er sagte, er habe etwas gesehen, das ihm nicht gefallen habe. Hatte er die verrückten Affen gesehen? Oder die auf mich überspringende Trägheit?

Ich hatte große Angst, so zu werden wie der Nachbar.

»War da was?«, fragte Thomas mich.

Er hatte es vielleicht gesehen.

Ich gab ihm das Versprechen, niemals Affen auf meinem Kopf zu haben.

Er begriff nicht.

## 65.

Für meine Kollegen hatte meine Anwesenheit etwas Gespenstisches. Meine Konturen zerflossen im Raum des Rathauses, während die anderen für mich wie hinter einem schmutzigen, verschwommenen Sicherheitsglas erschienen. Manchmal schmatzten ein paar Küsschen auf meine Wange und erinnerten mich daran, dass diese Welt wirklich die war, in der ich mich befand.

Ich hätte mir niemals ausmalen können, was nun folgte.

Ohne jede Vorwarnung hatte man in mein Büro neben meinen Computer eine Frau mit Lockenkopf gesetzt. Ich stand noch sprachlos in der Türöffnung, als sie plötzlich zu mir aufsah und ungeschickt eine Hand hob, um mich zu begrüßen.

Dann vertiefte sie sich unmittelbar wieder in einen Stapel Sterbeurkunden in farbigen Einsteckmappen. Ich setzte mich an meinen Computer und stellte fest, dass Unmengen bunter Filzstifte über den Tisch verstreut lagen. Gelb, rot, blau, grün hoben sie sich von dem einfarbigen Rahmen des Archivraums ab. Sie selbst glich einer Spiegelkugel, alles glitzerte, von den Ohren bis zum Strass an ihren Sneakern. Neben ihr sah ich aus wie eine Statue, taub und stumm.

Ich fand nichts Besseres zu tun, als meinen Computer hochzufahren und eine E-Mail vom selben Tag zu lesen, die mich über einen »meinen Bedürfnissen entsprechenden« Arbeitsplatzwechsel informierte. *Meinen Bedürfnissen entsprechend*, wie konnten sie über meine Bedürfnisse Bescheid wissen, wenn ich sie selbst noch nicht einmal kannte? Ich war mit meinem Arbeitsplatz sehr zufrieden, die Toten waren genauso taub wie ich.

Am späten Vormittag würde die Personalassistentin mich abholen und in mein neues Büro bringen. Entgeistert verbrachte ich meine letzte Stunde damit, die Nachfolgerin zu beobachten, ihre Locken, die sich auf den rosafarbenen, blauen und grünen Akten kringelten, ihre Glitzerkulis und ihr emsiges Gesicht. Ich stellte mir vor, dass sie vermutlich ebenso motiviert war, die Toten ins Jenseits der Archive zu befördern wie Delfine aus Delfinarien zu retten.

Um 11 Uhr verließ ich den langen Flur, um durch die Verbindungsgänge des Untergeschosses bis zu einer anderen winzigen Zelle vorzudringen. Die Personalassistentin verabschiedete sich, nachdem sie mir ein Dokument ausgehändigt hatte. Es erläuterte die Tätigkeiten des neuen Arbeitsplatzes. Ich kümmerte mich um die ›Menschen ohne Personenstand‹, alle, die aus irgendeinem Grund nie einen Namen gehabt oder ihn verloren hatten, staatenlose Identitäten gewissermaßen.

Ich dachte wieder an den Artikel, den ich in der *Anarchistischen Zeitschrift für Neurowissenschaften* über die *Zacchary Broch-Methode* und jene merkwürdige Gemeinschaft der Sprachentwurzelten gelesen hatte:

»Zacchary Broch wurde 1913 in Bukarest geboren, die Eltern sind unbekannt. Als Waise wuchs er, einer Muttersprache entzogen, in Schmutz und Stummheit auf. Im Jahr 1940 konnte er der Deportation entkommen. Zehn Jahre später tauchte er in Paris auf, in der Rue Boyer im 20. Arrondissement, bei einer Vernissage staatenloser Malerei. Dabei wurde Louise Kahn auf ihn aufmerksam, eine Verhaltensbiologin und Pionierin der Neurowissenschaften, die in ihm die perfekte Verkörperung eines ›Sprachentwurzelten‹ sah. Sie widmete ihm eine neue, für jene Sprachlosen entwickelte Methode – die *Zacchary Broch-Methode* war geboren. Auf dem Programm: Obertongesang, Nabeldenken, Wärmegeruch, Kontaktsprache. Das Ziel war es, das Konzept der Muttersprache auszumerzen, indem man sich selbst die fehlende Sprache beibrachte. Der relativ große Erfolg, den Zacchary Broch erfuhr, drängte ihn, die französische Staatsbürgerschaft anzunehmen. Er verweigerte sich jeder biologischen Bestimmung und stürzte sich 1961 in die Seine. Um diesen Schritt zu würdigen, ziehen die Sprachentwurzelten noch heute in kleinen Gemeinschaften durch die Welt.«

## 66.

Da im Arbeitsbereich »Menschen ohne Personenstand« keine größere Datenmasse zu bewältigen war, arbeitete ich jetzt in Teilzeit.

Und das Schlimmste, es war mir völlig egal. Ich hatte sogar vergessen, Mathilde mittags davon zu erzählen.

Als ich Thomas die Neuigkeit verkündete, war er empört, sein Gesicht blähte sich auf wie eine Plane im Wind. Ich hörte nicht zu, ich sah, wie der Zorn seine Konturen verzerrte. Er saugte ein, was mir noch an Wut und Ungerechtigkeitsempfinden verblieben war.

Meine gleichgültige Haltung ging ihm auf den Geist, ich müsse kämpfen, beschwor er mich. Auf einen Schlag spannte sich meine ganze Lethargie wieder an. Meine Augen lasen aufs Neue die Welt, thronten auf meinem Hals wie auf einem Minarett.

»Das ist illegal«, wiederholte er.

Am folgenden Tag setzte ich ein Schreiben an die Personalabteilung auf, um mein Nichteinverständnis zu äußern. Das Einzige, was ich damit erreichte, war eine Gebärdensprachdolmetscherin, die mich in die Kantine und zu den zweijährlichen Besprechungen begleiten sollte.

Anna fand das genial, so bekäme ich wenigstens eine Gratis-Weiterbildung in Gebärdensprache. Dann könne ich sie ihr beibringen. Thomas sagte gar nichts, er nahm es mir übel, dass ich mir das gefallen ließ. Ihn verletzte das Image der zweitklassigen Behinderten, in dem man mich einzuschließen begann.

## 67.

Hatte ich denn eine Wahl? »Man hat immer die Wahl«, hätte Anna mir erwidert. Aber Anna war eine Hörende, obwohl auch sie gerade eine schwierige Phase durchmachte. Sie sah in mir die ideale Exilgenossin und träumte davon, mich in eine moderne Einsiedlerin zu verwandeln. Sie war genauso verrückt wie ich, schnappte mir meine traumatischen Gespenster weg. Wie sollte ich neben Anna erwachsen werden?

Meine Mutter beglückwünschte sich, dass sie mir ein Abo für die *Anarchistische Zeitschrift der Neurowissenschaften* geschenkt hatte, es gab sogar eine Sonderausgabe über die Technologien der Zukunft, eines Tages würde das Implantat sämtliche Gespräche im Leben speichern können: die Blackbox im Fall eines Absturzes.

Thomas war entzückt, ein bionisches Wesen auf dem Weg in den Transhumanismus zu begleiten.

Was meine Kollegen betraf, so merkte ich an ihrer Reaktion, dass ich rapide auf die Seite der Behinderung gewechselt war, alles Misstrauen war einer neuen Empathie gewichen. Sogar das Team Geburtsurkunden lächelte mich in der Kantine an, Cathy+, inzwischen Personalvertreterin, hatte beim Schlangestehen einen Versöhnungsversuch unternommen. Ich glaube, diese neue Dimension der stabilen, »echten« Behinderung vermochte alle zu beruhigen.

Der Soldat kiffte immer häufiger und sagte mit irren Augen und ausgezehrtem Körper bei jeder Gelegenheit »meine Kleine«. Die Botanikerin mit der Rindenhaut hatte mir ihr letztes Fundstück gezeigt, mit Zirrus auf dem Schoß lauschte ich ihrer Präsentation des Rankenscheu-Schwarzauges.

Der Botanikerin zufolge war diese Pflanze die widersprüchlichste der Natur. Sie rannte vor sich selbst weg, wahrte Distanz zwischen ihren eigenen Ranken, um ja nie mit sich selbst in Berührung zu kommen.

Das Phänomen der »Kronenscheu« war von Wissenschaftlern beschrieben, aber bis dato nur an Bäumen beobachtet worden. Diese Kletterpflanze zeichnete sich nun dadurch aus, dass sie sich um sich selbst ranken musste, um überhaupt hochwachsen zu können, doch mit der Strategie der scheuen Distanzierung schuf sie ein Fremdheitsgefühl zwischen ihren Ranken und damit eine Ablehnung ihrer selbst.

Und ich in all dem?

# 68.

Die *Anarchistische Zeitschrift für Neurowissenschaften* hatte ein ganzes Dossier über die Sprachentwurzelten veröffentlicht. Ein Kinderpsychologe mit linguistischer und phonologischer Spezialisierung hatte begonnen, Schreie und unartikulierte Laute einer Gruppe geistig behinderter Kinder zu analysieren, und war zu der Feststellung gelangt, dass jeder über das Lautmaterial aller Sprachen verfügte – über das englische *th*, das spanische Zungen-R, das kehlige arabische *r*, das deutsche *ch*.

So zeigte er, dass jeder Mensch ursprünglich alle existierenden, aber auch alle möglichen Sprachen zu artikulieren imstande war, durch die Aneignung seiner Muttersprache aber die ungenutzten Phoneme verlernte.

Dieses Fazit stimmte mich ratlos: Unsere Sprache war reicher, wenn uns die Muttersprache vorenthalten wurde.

So träumte ich von anderen Möglichkeiten, um nicht an das Implantat denken zu müssen. Vielleicht würde ich ja, wenn ich komplett gehörlos wäre und meine Muttersprache vergessen hätte, wieder einen Zugang zu diesem universellen linguistischen Fundus finden?

## 69.

Anna verkündete mir irgendwann, sie verbringe lieber Zeit mit dem Soldaten als mit Thomas und mir. Sie sagte, dass wir einem Pärchen aus Makramee glichen, sie könne sich Schöneres vorstellen. »Du bist so materialistisch geworden mit dieser Implantat-Geschichte.« Sie sagte, ich habe meine Poesie verloren, sei farblos wie die Wirklichkeit.

»Du bist zu realistisch.«

»Man kann doch gar nicht realistisch genug sein, Anna, die Realität existiert eben.«

»Es ist aber deprimierend, nur an die Realität zu denken.«

Ich nahm es ihr übel, dass sie enttäuscht war. Ich hatte eine solche Energie aufgeboten, um mir all diese Dezibel zu erobern, die Verständlichkeit der Welt zurückzugewinnen, ihre Undurchlässigkeit mithilfe audiophoner Listen zu reduzieren – Karamell, Frage, Kanal, Hemdbrust, Refrain, Schluchzer, Radieschen, Ticket, Kocher, Sorge, Gruß – und die Angst vor dem Implantat zu bezähmen, dass ihr Zorn mir ungerecht erschien.

Anna mochte nichts, was einem Happy End glich. Sie wollte, dass mein ganzer Körper das Implantat abstieß und ich zu einem Roadtrip aufbrach, die rostende Maschine Salz und Wind ausgesetzt.

Schließlich sagte sie, der Soldat und sie seien einer Meinung.

»Einer Meinung worüber?«, erkundigte ich mich.

»Über Erfolg zum Beispiel. Wir mögen Leute, die nicht erfolgreich sind, Erfolg ist pervers.«

Ich zog es vor, nicht zu antworten, bei Anna war die starke Schwerhörigkeit manchmal ein Rettungsanker.

»Wie sähe denn bitte ein Land aus, in dem alle erfolgreich sind, Louise? Das Scheitern vieler einzelner Menschen rettet die Menschheit.«

Ich hörte nicht mehr zu, meine Augen verschwammen im Leeren, ich erlosch.

»Aber warum läuft der Soldat vor mir weg?«, fragte ich. Das war im Grunde das Einzige, was ich wissen wollte. Unsere Freundschaft nahm eine ungute Wendung.

»Manchmal hat er es eben satt, *miraginäre* Pflanzen zu suchen, das ermüdet ihn, es bringt nichts, es ist vergeblich, er hält es lieber mit der Realität.«

Das war Annas Antwort.

## 70.

Ich schloss meine Wohnungstür auf und lief über lauter Papierfetzen, die sich bis zur Hälfte des Wohnzimmers über den Boden breiteten. Sämtliche Blätter aus meinem Klangherbarium waren herausgerissen worden, und mit ihnen die Seiten der miraginären Pflanzen.

Zirrus sabberte vor Wut, lief im Kreis herum, peitschte die Zimmerecken mit seinem Schwanz, er war nicht zu bremsen.

Ich suchte in dem Gemetzel nach dem Soldaten, damit er das Chaos beendete. Er erschien taumelnd in einem meiner Sommerkleider. Die Träger fielen ihm über die Schultern, sein zu breiter Oberkörper beulte das Muster aus. Er trällerte eines von Annas Liedern. Die wenigen Worte, die seinem heiseren, gutturalen Bass entsprangen, waren vom Alkohl zersetzt, vom Dunkel der Kehle wieder verschluckt worden. Er trank die Wörter mehr, als dass er sie formulierte. Sein Gesang war eine in die vorsprachliche Zeit zurückgespulte Tonspur.

Die Botanikerin rührte sich nicht mehr, ihre ganze Haut war mit Rinde überzogen. Sie hatte sich in einen Winterbaum verwandelt.

Auf einen Schlag fühlte ich mich komplett überfordert, in tausend Stücke zersprungen, ohne jeden Sinn, an den ich mich hätte klammern können. Angesichts meiner niedergeschlagenen Miene und meiner zitternden Hände zog der Soldat das Kleid aus. Er sah heruntergekommen aus, eine ausgemergelte Silhouette, und ich fand, dass diese klapprige Gestalt mit dem gebrochenen Rückgrat hier im Gegenlicht exakt meine psychische Verfassung spiegelte.

Zirrus drehte noch eine Runde, bis die letzten schwebenden Blätter den Boden erreicht hatten, verschwand mit dem Soldaten und ließ mich allein im Morgengrauen inmitten der weißen Fetzen meiner zerstückelten Identität, dem Herbarium, der Sehnsucht nach meinen in der finstersten Stille versunkenen Ohren.

## 71.

»Nils Oyat, Spezialist für Heterogenese.«

Ich dachte an das Foto auf dem Schild.

Unter dem Eintrag »Heterogenese« teilte das Lexikon mit: »Produktion eines lebenden Organismus ohne die Beteiligung bereits bestehender Organismen derselben Art.«

Die Definition hätte auch ganz anders lauten können, das war mir egal, ich brauchte einfach Hilfe, und ich hatte eine Adresse, das reichte völlig.

Als ich Nils Oyats schwere grüne Tür aufstieß, war ich nicht darauf gefasst, ihm sofort gegenüberzustehen: Er wollte mir gerade öffnen.

Nils Oyat sah überhaupt nicht aus wie irgendein Spezialist, er ähnelte eher einem banalen Versicherungsmakler. Er nutzte unseren Händedruck, um mich in seine »Praxis« zu dirigieren, die wie ein Fernsehstudio eingerichtet war: ein riesiger leerer, weißer Raum, in dem unter Neonröhren ein paar Sessel um einen Tisch gruppiert waren.

Ich setzte mich in einen der Korbsessel und erzählte ihm von meiner Schwerhörigkeit, von dem fortschreitenden Hörverlust, dem plötzlichen Auftauchen von Hund, Soldat und Botanikerin, von diversen Krankheiten und

Ausbrüchen bis hin zu dem unlängst zerstörten Klangherbarium und der Perspektive des Implantats.

Mit fester Stimme bot er uns seine Hilfe an, wir würden die Angelegenheit in den Griff bekommen, die Symptome auflisten und für jedes eine Lösung suchen.

»Ich habe schon vieles erlebt, wissen Sie, Arme, Blinde, Stumme, Epileptiker, Paralytiker, Krebskranke, Betroffene von Makrozephalie oder Mikrozephalie, Kinder und Enkel aus dem Algerienkrieg, Plattfüßler, Asthmatiker, Sündenböcke, Stotterer, Leute mit Mundgeruch, an einer Hand amputierte Bildhauer, schüchterne Verkäufer, vorzeitige Ejakulierer, Ödipisten.«

Alles, was er sagte, war auf einem Bildschirm mir gegenüber gelb untertitelt. Nils Oyat war der Mann der Situation.

Er sprach hinter seiner glatten Fassade, mit unerschütterlicher Stimme und den präzisen Gesten eines Offenheit und Selbstsicherheit signalisierenden Politikers.

Dann forderte er mich auf, hinter einem Pult aus Plexiglas Platz zu nehmen, und wie bei einer Fernsehsendung trat nun ohne ein Geräusch, schick zurechtgemacht, der Soldat ein. Seine über den Schädel zurückgegelten Haare ließen ihn sonderbar wirken, mit einer zu großen Jacke ausstaffiert, wirkte er noch armseliger. Während er näherkam, konnte ich das Make-up auf seiner Haut glänzen sehen. Unter dem Neonlicht glich er einem einbalsamierten Toten. Er setzte sich verlegen hinter sein Pult und gab übergangslos konfuse Erinnerungsbrocken zum Besten:

»Es waren noch fünfunddreißig Kilometer, drei Tage in schnellem Galopp durch das Tal mit der aufgeblähten Leiche, die mit ihren ekligen verwesenden Säften kilometerweit stank. Nur noch fünfunddreißig Kilometer, nur noch drei Tage in schnellem Galopp, ja mit ein bisschen Glück nur noch fünfunddreißig Kilometer.«

An seinem Sprechtempo und den verstümmelten Wörtern auf dem Bildschirm merkte ich, dass er komplett zugedröhnt war.

»Fühlen Sie sich am Abgrund? Was hindert Sie daran, da zu sein, wo Sie sein müssen?«, fragte Nils Oyat.

Der Soldat erzählte die Geschichte von den Nägeln und den Schuhen, die er hatte ausziehen müssen, um den Namen auf das Grab seines Kameraden einritzen zu können. Die Tatsache, dass er sich selbst nicht gehen hörte, war für ihn die Bestätigung, dass er nicht mehr existierte. Nur wenn er Kokain nahm, fühle er sich halbwegs lebendig.

»Wissen Sie, wie man diese Substanz auch nennt?«

»Nein.«

»›Sternenstaub‹. Wussten Sie, dass ein unbekannter Autor die Frage, ob er Vertrauen in die Zukunft der Zivilisation habe, bejaht hat, weil er dachte, der Mensch sei die einzige Tierart, deren Geist zu den Sternen spricht?«

»Ein Schriftsteller, *pffff*, der kann etwas Unvollkommenes ja immer wieder verbessern. Das Leben nicht, das, was wir erlebt haben, kann weder korrigiert noch weggeworfen werden. Schrecklich.«

»Es gibt noch eine Perspektive, und das haben Sie mit dem Sternenstaub richtig begriffen, aber ich appelliere an Ihre Fantasie, die heilsam ist. Ich spreche von der symbolischen Wiedergutmachung. Was uns von den Tieren unterscheidet, ist unsere Fantasie. Haben Sie das Gefühl, den Toten gegenüber in der Schuld zu stehen?«

»Ja.«

Nils Oyat schloss, dass der Soldat am Syndrom der durchlöcherten Sprache litt.

»Und was ist daran krankhaft?«, fragte ich.

»Krankhaft eigentlich gar nichts, es ist eher eine Frage der Klangkraft.«

Ich überlegte lange und dachte, dass die Stille, wenn sie tatsächlich zur Sprache gehörte, nicht deren Gegenteil war, sondern eine der Sprache eigene Wesenheit.

Die Stille war ein Ort, der sich innerhalb der Sprache bewohnen ließ. Die Stille befreite Wörter und Bilder, die von der Sprache gefangen gehalten wurden. Ich hatte mich also nicht verirrt, ich war noch auf dem Weg.

## 72.

Zwei Männer kamen mit einem Schubkarren herein, in dem die Baum gewordene Botanikerin saß. Sie stellten sie vor einem Pult zwischen mir und dem Soldaten ab.

»Keine Sorge, Bäume können unsterblich sein«, erläuterte Nils Oyat unseren beunruhigten Gesichtern.

»Aber sie kann nicht mehr sprechen«, sagte ich.

»Sie müssen Sie als eine Anwesenheit betrachten, die zutage fördern soll, was in uns gefangen ist«, stellte Nils Oyat klar.

Der Soldat und ich schauten uns an, und in einem Aufblitzen sah ich, dass wir beide Angst hatten, einem Scharlatan ausgeliefert zu sein. Doch der eindringliche Blick Nils Oyats wischte diesen Verdacht beiseite und flößte uns neues Vertrauen ein.

»Wir können unseren Gast ja leider nicht direkt befragen, würden Sie mir also von ihr erzählen?«

Ich berichtete von unserem Kennenlernen und ihren miraginären Pflanzen.

»Die letzte war die seufzende Flechte. Eine Pflanze, deren Fortpflanzungssystem nicht wie bei anderen blütenlosen Pflanzen über die Sporen funktioniert, sondern über die Seufzer. Ich glaube, das ist meine Lieblingspflanze, aber die Botanikerin musste wegen ihrer Rindenkrankheit ihre Forschungen unterbrechen.«

»Wegen der mangelnden Klangkraft«, berichtigte Nils Oyat.

Ich überhörte seinen Einwurf und fuhr fort:

»Ich habe ihr mein Klangherbarium anvertraut.«

»Was ist das für ein Herbarium?«

»Ich habe die Klänge verzeichnet, so wie ich sie vor dem Verlust gehört habe, um eine Spur zu bewahren, aber Zirrus hat es zusammen mit den Blumen der Botanikerin kaputt gemacht.«

»Wissen Sie, dass das Anagramm von Ranke Anker lautet? Sie fanden das Ranken krank, wollten das Ranken verankern, wollten die Veränderung erstarren lassen, aber Ihr Hund hat Sie gerettet.«

»Wollen Sie sagen, dass ich krank bin?«

»Nicht krank, umrankt.«

»Aber Pflanzen sind intelligent, oder? So heißt es heute doch. Das Klangherbarium war meine Bibliothek der Bedeutungen. Mit seiner Hilfe konnte ich verstehen, was ich verloren hatte, und frühere Klangatmosphären nachempfinden.«

»Ja, aber das Herbarium besteht aus getrockneten Blumen, aus toten Pflanzen.«

»Wenn man sie betrachtet, appellieren sie aber an das Leben.«

»Nein. Um lebendig zu sein, muss man zögern können. Es gehört zum Leben dazu, sich zu täuschen, daher zum Beispiel auch der Ausdruck ›sich in die Nesseln setzen‹. Die Klangwelt setzt sich aus lauter Momenten des Zögerns zusammen, das müssen Sie wieder akzeptieren.«

Da ich ihn nicht richtig verstand, fragte ich:

»Warum hat sich die Botanikerin in einen Baum verwandelt?«

»Weil Sie erstarrt sind, weil Sie in Ihren traumatischen Anwesenheiten Wurzeln geschlagen haben.«

# 73.

»Es gibt eine symbolische Wiedergutmachung mithilfe der Ameisentherapie. Durch unsere Fantasie unterscheiden wir uns von den Tieren und Pflanzen. Das Leben ist ein symbolisches Theater, und die Ameisen helfen uns dabei, unsere innere Bühne wieder instandzusetzen.«

»Die Ameisen?!«

Die Frage des Soldaten erschien in Großbuchstaben auf dem Bildschirm mit den Untertiteln.

»Ja, sie ähneln uns am meisten, eine soziale Organisation, in der jeder eine Rolle zu spielen hat.«

»Die soziale Organisation, das ist doch nur ein Trick mit Masken«, rief der Soldat empört, »mit den Masken, die das Leben uns je nach unseren Rollen zuweist. Aber wenn man allein ist, verdammt allein, wenn niemand, wirklich gar niemand uns beobachtet, welche Maske soll man dann tragen?«

»Genau deshalb muss man neue Bindungen schaffen und vor sich selbst mithilfe der Ameisen in eine Rolle schlüpfen, um zu lernen, ohne Maske zu spielen, in sich selbst und für sich selbst«, erwiderte Nils Oyat mit glänzenden Augen, berauscht von der Wendung, die das Gespräch gerade nahm.

»Eine Insektentherapie, ich glaub es nicht. Wie auch

immer, wir enden ja alle im Magen der Insekten. All die Maden, die Fliegenlarven, die sich an unseren sterblichen Überresten laben …«

»Die Ameisen genießen aber einen besseren Ruf als die Fliegen. Im Talmud symbolisieren sie die Ehrlichkeit. Im tibetischen Buddhismus verkörpern sie das Lächerliche des materialistischen Tuns. Glauben Sie mir, die Ameisentherapie hat sich bewährt, weil diese Tiere extrem widerstandsfähig sind. 1945 hat man gemerkt, dass sie als einzige Lebewesen die atomaren Explosionen überstanden hatten.«

# 74.

Ja oder nein, mir blieben nur noch wenige Tage, um zu entscheiden, ob ich mir ein Implantat einsetzen lassen wollte. Die Operation musste geplant werden, es gab nur wenige Plätze, der Countdown hatte begonnen.

Ich erinnerte mich an den Satz der Psychologin während meines Krankenhausaufenthalts: »Ihr Gehirn wird vergessen, was vorher überhaupt bedeutet.«

Alles musste neu aufgebaut werden.

Ich stellte mir vor, wie Thomas' Hand auf dem Stöpsel in meinem Schädel lag, wie mir seine Finger knisternd durchs Haar fuhren, wie mich seine metallische Stimme fragte: »Geht's dir gut?«, und dann hörte ich mich mit zischender Stimme antworten: »Ja, sehr gut, mein Schatz.«

Die Stadtgeräusche würden auf meinen Schädel einhämmern, so dicht an meinen Ohren, als liefe die ganze Stadtautobahn dort zusammen, aber ich würde wieder hören können, wie Thomas mir von unserer neuen, schalldichten Wohnung erzählt, während er zu einer Schwalbe hochblickt, deren Frühlingsruf den ausgehenden Tag begleitet.

Ich fragte Thomas: »Glaubst du, dass ich mit einem Implantat glücklich sein werde?«

Ein wenig erschrocken schaute er mich an, lachte dann und sagte, sieh mal, hier, deine *bescheuerte Belehrung*.

»Was willst du damit sagen? Findest du, dass ich krank bin?«

Er reichte mir die Post mit meiner *Steuererklärung*.

## 75.

Die Ameisentherapie begann, Nils Oyat verteilte die Aufgaben.

Über den *Hund* wies er die Botanikerin an, eine Ameisenart ausfindig zu machen, die die Ranken zu durchnagen vermochte, um sie von ihrem Wirt, also von mir, zu lösen.

Dem Soldaten erklärte der Therapeut, wie eine Ameise von einem Schlachtfeld zu retten war.

»Die Ameisen, die bereit sind, an der Front zu sterben, sind stumm«, erklärte Nils Oyat uns, »und ebendiesen Aufschrei müssen Sie hören.«

Langsam dachte ich, dass Nils Oyat mit seiner Ameisenmanie wahrscheinlich der Krankeste von uns allen war.

Ich wartete, bis ich an der Reihe war, aber er war schon fertig.

»Und ich?«, fragte ich schließlich.

»Wie jetzt: Und ich?«, erwiderte er mir. »Hier behandeln wir die Symptome.«

## 76.

Während meine Symptome den Ameisen geweiht waren, führte ich mein alltägliches Leben weiter: Dank meiner Arbeit grübelte ich nicht übermäßig und konnte meiner Angst ausweichen. In der Kantine hielten mir meine Kollegen einen Platz am Tisch frei, aber ihr verlegenes Lächeln querte meine Hirnrinde wie ein Unglücksvogel.

Ich roch nach nassem Hund, mein Atem nach Unterholz. Ich musste eine Entscheidung treffen. Sie oblag allein mir, und doch entglitt sie mir komplett. Mein bevorstehender Entschluss würde den Lauf meines Lebens ändern, ohne dass ich wissen konnte, ob ich später würde sagen können: »Ich habe das Richtige gemacht.«

»Das wird alles gut gehen«, beruhigte meine Mutter mich.

Was wusste sie schon? Was wussten sie alle verflucht nochmal?

Ich war eine Hörende.

Ich war taub.

Mehr hörend als taub, weil ich die Löcher der Sprache mit Sprache füllte.

Aber bedeutete zu hören, einen Zugang zur Sprache zu haben?

Ja. Und nein.

Denn hören war nicht zuhören. Genauso wenig wie zuschauen sehen war. Ich verstand mich aufs Zuhören, aber ich hörte nicht mehr. Dabei hatte ich die ganze Zeit lang Sprache gehört.

Ich hatte mir beim Zuhören zugehört, womöglich war ich darüber vollständig taub geworden. Indem ich mir ein Implantat einsetzen ließ, würde ich wieder hören können und mir nicht mehr beim Zuhören zuhören. Ich durfte das nicht unversucht lassen.

Ich notierte:

1. Man kann beim Sehen zuschauen; man kann das Hören nicht hören.
2. Man kann das Zuschauen sehen. Aber kann man das Zuhören hören?

Ich zerriss den Zettel und rief im Krankenhaus an:

»Ich habe es mir gut überlegt, die präoperative Auswertung ist zu einem positiven Ergebnis gekommen, ich möchte mir gerne ein Implantat einsetzen lassen.«

# 77.

Nils Oyat empfing mich zu einem Einzelgespräch.

»Ich bin völlig verzweifelt.«

»Wirklich?«

Er sah mich komplizenhaft an, aber ich wollte niemandes Komplizin sein.

»Der Mensch besteht aus Hoffnung und Verzweiflung«, setzte er an, »würde die Verzweiflung ständig überwiegen, würden wir alle den Boden unter den Füßen verlieren, aber da es auch unvernünftig ist, in der Welt, in der wir leben, Hoffnung zu bewahren, haben wir den Beweis, dass der Mensch kein vernünftiges Wesen ist. Das Überleben von etwas so Absurdem wie der Hoffnung zeigt doch, dass auch Sie durchhalten werden und Ihnen nicht Ihre Vernunft, sondern Ihre Unvernunft dabei helfen wird, diese Situation zu überwinden. Nutzen Sie das, um voranzukommen, lassen Sie den vernünftigen Aspekt der Dinge beiseite, Louise, holen Sie sich die Kraft, sich weiterzuentwickeln aus dem Irrsinn. Die Welt durchlöchert zu sehen, ist wahrscheinlich das Beste, was Ihnen passieren konnte, denn die Materie des Universums bleibt für uns zu 95 Prozent unergründlich. Wir wissen nur, dass sie nicht aus Atomen besteht, sie ist nicht so gemacht wie wir und die Sterne, und diese unbekannte Masse, dieses große Loch kann als Metapher dienen für alles, was sich uns im Sein entzieht. Die durchlöcherte Sprache wird sich wahrscheinlich nie entschlüsseln lassen. Wir müssen also diese Leere akzeptieren, um ohne Krücken unseren Weg fortsetzen zu können.«

Nils Oyat erklärte mir das Bedürfnis, aus dem heraus ich meine traumatischen Gespenster umrankt hatte, um die Hängebrücke zu konstruieren, auf der ich mich derzeit befand. Und er erklärte mir, dass ich mich jetzt davon befreien müsse.

Ich müsse den Soldaten, die Botanikerin und den Hund gehen lassen, wenn ich nicht selbst verschwinden wollte.

Ich musste mich entscheiden: sie oder ich.

## 78.

»Die Geschichte des siebenjährigen Krieges, im tiefsten Amerika, ein Mädchen lebt wie Baumwolle, folgt dem Wald mit einem Fulfulden.«

Ausruf von Thomas; Kommentar meiner Mutter.

Ich versuchte erst gar nicht, wieder den Sinn zusammenzusetzen, ich ließ die Wörter einfach laufen. Ich hatte beschlossen, mir um nichts mehr Sorgen zu machen. Ich hatte zu sehr darunter gelitten, mir Fragen abzuringen, zu formulieren, was ich nicht verstand, einen weiteren hervorquellenden Satz anzuhören, um den ersten zu verstehen, zwischen den möglichen Interpretationen zu straucheln. Ich machte ein letztes Mal Urlaub von der Sinnsuche vor dem Implantat. Wollte vor dem Hindernislauf, der mich erwartete, Atem schöpfen. Keinen Druck verspüren, umgeben von Worten, bevor ich ihnen würde nachjagen müssen, bevor meine Jagd von den Weißkitteln benotet werden würde.

»Sag es ihnen schweigend, im Stil von Süßstofftabletten.«

Lachend schenkte ich mir Fanta ein.

»Emilien Dussan, verschluckter Rücken.«

Ich stellte mir vor, wie ein Männerkörper zwischen den Wammen eines Wals verschwand.

»Ein Krebs umschlingt und die Garage einer Fabel.«

Ich schwamm in Bildern einer Garage (oder Karambolage) auf dem Grund des Ozeans, in Bildern von Thomas' Krabbenfinger, die sich um meine schlangen, vom aufgehenden Mund meiner Mutter mit Lippenstiftspuren auf den Zähnen.

Das glucksende Lachen meiner Mutter prallte von den Wänden ab und verklang beim Kontakt der Gabel in ihrem Mund. Thomas' Lippen kniffen sich zusammen, während er mich ansah. Vielleicht störte es ihn, dass ich mich zurückhielt, so passiv, mit eingefallenem Körper und schlaffen Fingern auf meinem Stuhl saß. Er wusste nicht, dass es nur eine vorübergehende Kapitulation war. Zum ersten Mal empfand ich Vergnügen daran, die Klangströme schwebten in der Atmosphäre, ich schmiegte mich in das Vibrato von Thomas' Stimme wie in warmen Sand, und ihre hohen Ausschläge ließen meine Augen funkeln wie kleine Meeressplitter. Aus den Augenwinkeln beobachtete ich seine abwechselnden Kaubewegungen – rechter Kiefer, linker Kiefer – und die blinzelnden Augen meiner Mutter, die mir bedeuteten, dass sie sich wohlfühlte.

Zum ersten Mal beneidete ich sie nicht darum, alles mühelos zu verstehen, vermutlich langweilten sie sich doch.

Zum ersten Mal erschien mir das Leben der Hörenden glanzlos.

»Der Schim Panse.«

»Wir warten«, sagte meine Mutter.

»Wir stoßen an, wenn es vorbei ist.«

Thomas artikulierte überdeutlich und wiederholte alles, bis ich ihn verstand.

»Damit du die Bläschen hörst.«

Ich dachte: Kann man das Perlen der Bläschen denn hören?

# 79.

Am Morgen vor der Operation klapperte ich mit den Zähnen. Thomas' Körperwärme vermochte nichts, es war eine Einzelüberquerung, ich war allein auf offener See, der Körper fröstelte, weil er sich von einer Klanginsel entfernte. Wie eine Schiffbrüchige wartete ich auf das Boot, das mich zum Kontinent zurückbringen würde, hatte Angst, ihn nicht wiederzuerkennen. Das Tageslicht auf der Bettwäsche, Thomas' verquollene Lider, das Muster der Wohnzimmerfliesen genügten nicht, um Vertrautes wiederzuerwecken.

Ich mochte nicht, wenn etwas zu Ende ging. Meinen Teller leer zu essen oder einen Tee auszutrinken, war mir stets unmöglich erschienen. Ich spiegelte mich immer in dem Kaffeesatz, der noch in der Tasse war. Meine Mutter machte sich deshalb über mich lustig: Liest du dein Orakel? Sie hatte nicht Unrecht, ich las meine Möglichkeiten. Die ich hätte aufgeben müssen, wenn ich ausgetrunken hätte. »Das ist doch nur Kaffee«, spottete Thomas oft.

Aber es war schwarz.

»Einweisung?«, fragte meine Mutter mich auf dem Weg ins Krankenhaus. Das Wort *Einweisung* zappelte in ihrem Kropf wie ein Fisch im Schnabel eines Pelikans.

Ich hatte sie genau verstanden, aber ich bat sie, das

Wort zu wiederholen, nur um ihre Mimik zu sehen und eine Entschädigung zu bekommen, das Gefühl, dem Leben etwas abzutrotzen. Die Fisch-Einweisung im Hals meiner Mutter war kleiner als beim ersten Mal, entlockte mir aber dennoch ein Lächeln.

Und?

Meine Mutter wurde ungeduldig, überzeugt, dass ich sie vergessen hatte. Sie hatte Angst. Eben deshalb war ich böse auf sie. Es war meine Angst, und sie ertrug die Angst anderer nicht. Doch als ich in Thomas' glattes Gesicht sah, in seine grauen Augen, die wie die meiner Mutter hofften, eine Einweisung zu erblicken, fehlte mir die Kraft, mich aufzuregen, und ich zog das Papier für die »ambulant durchgeführte« Operation aus der Tasche.

Diese Formulierung erschien mir ziemlich deplatziert, als würde die Operation irgendwo im Nichts stattfinden, als würde sie auf die Schnelle in einem Gang durchgeführt, von einem herbeistürzenden Chirurgen, die Stirnlampe auf dem Kopf, der die Patienten auf der Trage fixiert und sich mitten in der Krankenhausüberlastung an ihren Organen zu schaffen macht. Nein, »ambulant durchgeführt« bedeutete nur, dass man das Krankenhaus schon am selben Abend wieder verlassen durfte, dass ich, wenn alles gut ging, schon am selben Abend wieder zuhause sein würde, mit einem Verband um den Kopf, in der Stille.

Als ich vor dem Krankenhaus stand, schien mir die Glastür noch mehr zu blitzen als beim letzten Mal. Sie öffnete sich automatisch. Nicht wir nahmen die Dinge in die Hand, das Krankenhaus würde die Entscheidungen für uns treffen. Ich war nur noch ein Stück Wirklichkeit, das man der Wirklichkeit weiter anpassen würde.

Mit dem Implantat hätte ich ein Hörvermögen von 8000 Hertz, womit ich mich vorsichtig den 15 000 Hertz gleichaltriger Hörender annäherte, hatte der Logopäde mir erklärt.

In den Gängen auf dem Weg zum Empfang spiegelte sich der glänzende Draht meines Hörgeräts in den Scheiben, eine kleine Faser inmitten der langen Überquerung, und ich dachte an Fische, die ohne den Wasserdruck zerplatzten, wenn man sie an die Oberfläche holte.

»Wo ist Anna?«, fragte ich. »Warum ist Anna nicht gekommen?«

Meine Einweisung baumelte irgendwo zwischen meinen Beinen.

Thomas machte seine aufgewühlten Meeresaugen und legte die Einweisung auf einen freien Sitz neben dem besorgten Blick meiner Mutter. Er schloss seine Hände um meine Finger, stellte sie konzentriert zu einem Bouquet zusammen und versenkte die Frage in diesem Strauß aus Fingernägeln, die ich schon alle restlos abgekaut hatte. Dann sagte er mit zerknirschtem Gesicht: »Vergiss sie, das ist doch unwichtig.«

Es ging alles sehr schnell: die weißen Wände, das an den Sohlen klebende Linoleum und der Geruch nach Antiseptika, nach Wärmeverbänden, nach Chlorbleiche. In der OP-Kabine verschwanden die Gesichter von Thomas und meiner Mutter, um maskierten Männern den Platz zu überlassen. Man rasierte mir das Ohr frei und legte mich auf die Trage. Ich begann in meinem geschlitzten Krankenhauskittel zu frieren. Ich schloss die Augen, um den Verputz und die Neonröhren zu vergessen, die mir körperliche Schmerzen verursachten. Unter meinen vom Warten angespannten Lidern sah ich Anna und den Soldaten wieder, die mich mit liebevollen Blicken bedachten.

Ich spürte die Trage ruckeln. Der Luftzug der Bewegung ließ mich die Augen öffnen und meinen Körper aufquellen, man brachte mich in den OP. Ich sah die Neonröhren langsam vorbeiziehen, die sich aneinanderreihenden Gänge. Das Licht veränderte sich, ich war im Operationssaal.

Sie fixierten mich, der Anästhesist gab mir mit den Fingern ein O.-k.-Zeichen. Er injizierte das Mittel in den Katheter.

## 80.

In meinem düsteren Haus mit dem Boden aus Lehm dringen nur wenige Lichtstrahlen durch die Wände. Ich erkenne Formen, andere Leute bewegen sich, Gestalten im Dunkeln. Ein letzter Lichtsplitter, und das Haus wird rissig, der Wind bläst in die Zwischenräume, die Kraft des Windes lähmt meinen Körper, hält ihn in der Senkrechten. Die Gestalten bewegen sich ruckartig voran, wie betrunken, der Schwung ist gehemmt, die Gesten bleiben in der Schwebe, die Klänge zerfallen im Wind, der eisige Hauch strömt in mein Ohr.

*Getuschel betrunkener Angeber*
*Kiefer, der die Pyrenäen zerkaut*
*Verlassene Gletscherkappe*
*Obertongesang von grünen Crocs*
*Lawine aus Kugelfangspielen*